डॉ. श्यामा प्रसाद मुकर्जी

एक शिक्षाविद की राजनीतिक यात्रा

एक शिक्षाविद् की राजनीतिक यात्रा

डॉ. श्यामा प्रसाद मुकर्जी

विकास आनन्द

वाणी प्रकाशन

प्रकाशन के उत्कृष्टतम 62 वर्ष

पेपरबैक पहला संस्करण : 2025

vaniprakashan.com

वाणी प्रकाशन

4695, 21-ए, दरियागंज, नयी दिल्ली-110 002

फ़ोन : + 91 11 23273167, 23275710

शाखाएँ

अशोक राजपथ, पटना-800 004, बिहार

कॉफ़ी हाउस कैम्पस, महात्मा गांधी मार्ग, प्रयागराज-211 001, उत्तर प्रदेश

महात्मा गांधी अन्तरराष्ट्रीय हिन्दी विश्वविद्यालय, वर्धा-442 001, महाराष्ट्र

sales@vaniprakashan.in
vaniprakashan@gmail.com

Dr. Syama Prasad Mookerjee
by Vikas Anand

ISBN : 978-93-6944-011-5
Autobiography

मूल्य : ₹ 299

जी.एस. ऑफ़सेट, दिल्ली-110 095 में मुद्रित

वाणी प्रकाशन का लोगो मक़बूल फ़िदा हुसैन की कूची से

"यह पुस्तक मैं अपने गुरुदेव
परम योगी संत शिवनाथ दास जी महाराज को
समर्पित करता हूँ।"

प्रस्तावना

सत्तारूढ़ दल भारतीय जनता पार्टी, जिस विरासत को लेकर आगे बढ़ रही है, उस विरासत की नींव जनसंघ के रूप में श्यामा प्रसाद मुकर्जी जैसे दूरदर्शी नेतृत्वकर्ता ने रखी थी। डॉ. मुकर्जी का व्यक्तित्व बहुआयामी था। वह एक शिक्षाविद्, बैरिस्टर, राजनीतिज्ञ और सर्वोत्कृष्ट मानवतावादी थे। अपनी कड़ी मेहनत और अकादमिक उत्कृष्टता के कारण वह 33 साल की उम्र में कलकत्ता विश्वविद्यालय के सबसे कम उम्र के कुलपति बने, यह अकादमिक इतिहास में सम्भवत पहला उदाहरण था। उनका जीवन भारत की एकता अखण्डता के लिए समर्पित था। पूर्वी बंगाल को पाकिस्तान में जाने से बचाने का मामला हो या जम्मू कश्मीर के भारत में पूर्ण एकीकरण का मामला हो, उनका योगदान अविस्मरणीय है। जम्मू-कश्मीर को भारत का अभिन्न हिस्सा मानने वाले डॉ. श्यामा प्रसाद मुकर्जी का ही सपना था कि राज्य में धारा 370 कभी लागू न हो, लेकिन घाटी में अपना वर्चस्व दिखाने वाले नेताओं ने तब इसे लागू किया, जिसकी वजह से राज्य विकास की मुख्य धारा में काफ़ी पीछे रह गया। लेकिन डॉ. मुकर्जी के अधूरे कार्य को प्रधानमन्त्री नरेन्द्र मोदी ने 5 अगस्त, 2019 को धरा 370 को समाप्त करके पूरा किया। डॉ.मुकर्जी जम्मू-कश्मीर का भारत में पूर्ण एकीकरण करने के उद्देश्य से अपने जीवन का बलिदान कर दिया।

अपने विचारों और गुणों के कारण डॉ. मुकर्जी ने महात्मा गांधी का ध्यान आकर्षित किया। वह डॉ. मुकर्जी से इतने प्रभावित हुए कि जब 15 अगस्त, 1947 को भारत आजाद हुआ, तो महात्मा गांधी ने पण्डित जवाहरलाल नेहरू के नेतृत्व वाली आजादी के बाद गठित प्रथम मन्त्रिमण्डल शामिल करवाया। नेहरू के मन्त्रिमण्डल में एक मन्त्री के रूप में उन्होंने एक ऐसी अमिट छाप छोड़ी, जिसने नये स्वतन्त्र देश के औद्योगीकरण की मज़बूत नींव रखी। उन्होंने देश को तेज़ी से औद्योगीकरण की ओर ले जाने का निर्णय लिया। नेहरू के मन्त्रिमण्डल से इस्तीफ़ा

देने के बाद डॉ. श्यामा प्रसाद मुकर्जी के नेतृत्व में जनसंघ की औपचारिक शुरुआत हुई और डॉ. मुकर्जी इसके पहले अध्यक्ष बने। डॉ. मुकर्जी ने 'दो विधान, दो निशान और दो प्रधान' के ख़िलाफ़ प्रजा परिषद् के सत्याग्रह का समर्थन किया। अपनी शहादत देकर उन्होंने इस मुद्दे को देश की जनता तक पहुँचाया।

विषय सूची

बचपन व परिवार

जनसंघ के संस्थापक अध्यक्ष, शिक्षाविद् और सम्प्रभु स्वतन्त्र भारत के निर्माताओं में से एक डॉ.श्यामा प्रसाद मुकर्जी का जन्म 6 जुलाई 1901 में कोलकत्ता के एक प्रतिष्ठित ब्राह्मण परिवार में हुआ। उनदिनों बंगाल राष्ट्रवादी आन्दोलन का केन्द्र हुआ करता था। इसका कारण पुनर्जागरण जैसे आन्दोलनों की शुरुआत बंगाल में ही हुई थी, जो लोगों में राष्ट्रीय चेतना जागृत करने में सफल रही। डॉ श्यामा प्रसाद मुकर्जी पिता सर आशुतोष मुकर्जी और माता योगमाया के तीसरे सन्तान थे। मूल रूप से इनका परिवार हुगली जिले के जिरत का रहने वाला था। इनके दादा गंगा प्रसाद मुकर्जी सपरिवार कलकत्ता में आकर रहने लगे थे। गंगा प्रसाद कुल चार भाई-दुर्गा प्रसाद, हरी प्रसाद, गंगा प्रसाद और राधिका प्रसाद थे।

इनके दादा गंगा प्रसाद अपने कुल चार भाइयों में तीसरे थे। गंगा प्रसाद के पिता विश्वनाथ मुकर्जी के बारे में कहा जाता है कि ये माँ गंगा की देन थे। विश्वनाथ को कालरा हो गया था। उन दिनों कालरा बहुत खतरनाक बीमारी हुआ करती थी। माँ अपने मर रहे बच्चे को लेकर जीरत के गंगा घाट पर रो-रो कर बच्चे की जीवन का गंगा मैया से भीख माँग रही थी। उसी समय एक अंग्रेज़ फिजिसियन डॉक्टर नाव से गुज़र रहा था, तभी डॉक्टर को एक औरत की रोने की आवाज़ सुनाई दी। डॉक्टर ने वजह जानने के लिए उस रोती महिला की ओर बढ़ा। डॉक्टर ने देखा कि कालरा से मर रहे बच्चे की जीवन के लिए उसकी माता गंगा माँ को रो-रो कर पुकार रही है। डॉक्टर के इलाज के उपरान्त बच्चा ठीक हो गया। माँ गंगा ने बिलखते एक माता की आवाज सुन ली। गंगा प्रसाद की उम्र महज चार साल रही होगी, तब इनकी माता जी ब्रह्मयी की मृत्यु चेचक के कारण हो गयी थी। उन दिनों चेचक लाइलाज बीमारी हुआ करती थी। जब इनकी उम्र महज 13 साल थी, तब इनके पिता की मृत्यु गंगा स्नान करते समय नौका से चोट लगने के कारण हो गयी। अब सभी भाइयों

की परवरिश की ज़िम्मेवारी बड़े भाई दुर्गा प्रसाद पर आ गयी। उस समय दुर्गा प्रसाद महज 17 साल के थे, परिवार पर कर्ज भी था। इसलिए दुर्गा प्रसाद जिरात छोड़कर हावड़ा चले आये। वहाँ ये अध्ययन-अध्यापन करके भाइयों की परवरिश करने लगे। बाद में दुर्गा प्रसाद पढ़ाई पूरी करके उत्तर प्रदेश के जिला गाजीपुर में सिविल इंजीनियर की नौकरी करते हुए भाइयों को पढ़ाया-लिखाया।

डॉ. श्यामा प्रसाद मुकर्जी के दादा अर्थात आशुतोष मुकर्जी के पिता और दुर्गाप्रसाद के छोटे भाई गंगा प्रसाद पढ़ाई-लिखाई में अच्छे थे। उन्हें कलकत्ता के हरे स्कूल में नामाँकन मिल गया। उन दिनों हरे स्कूल की गिनती कलकत्ता के सबसे अच्छे स्कूलों में होती थी। दादा गंगा प्रसाद को स्कूली शिक्षा के बाद कलकत्ता शहर में खुले नये मेडिकल कॉलेज में प्रवेश भी मिल गया। सन 1866 में मेडिसिन में ग्रेजुएट की डिग्री पाने के बाद उन्होंने सरकारी नौकरी की जगह निजी प्रैक्टिस करने का फैसला लिया।

मेडिकल का पढ़ाई करते हुए ही गंगा प्रसाद की शादी हरिलाल चटर्जी की बेटी जगत तारिनी से हो गयी थी। बतौर तथागत रॉय उस समय मुकर्जी परिवार का निवास स्थान मध्य कलकत्ता के तंग गलियों में हुआ करता था। गंगा प्रसाद का निजी प्रैक्टिस अच्छा चल पड़ा था और अब शहर के एक प्रतिष्ठित डॉक्टर बन चुके थे। तब उन्होंने मध्य कलकत्ता के मलंगा लेन से बहार आकर भवानीपुर में अपना घर बनाया। आज इस जगह को आशुतोष मुकर्जी मार्ग कहते हैं।

डॉक्टर गंगा प्रसाद के दो बेटे-आशुतोष व हेमन्त और एक बेटी हेमलता थी। आशुतोष इनमे सबसे बड़े थे। इनके दोनों भाई बहनों की मृत्यु कम आयु में ही हो गयी थी। हेमन्त महज 21 वर्ष में चल बसे और पुत्री हेमलता को भी ईश्वर ने 29 वर्ष की आयु में ही अपने पास बुला लिया। गंगा प्रसाद को छोटे बेटे से बेहद लगाव था। छोटे बेटे की मृत्यु के पश्चात शोक संतप्त गंगा प्रसाद भी जल्दी ही चल बसे।

सर आशुतोष मुकर्जी की माता जगततारिणी पति की मृत्यु के पश्चात जीवित रही। ऐसा कहा जाता है कि सर आशुतोष के जीवन पर उनके माता जगततारिणी का काफ़ी प्रभाव था। अपनी माँ के कहने पर ही आशुतोष अपनी पढ़ाई के लिए इंग्लैण्ड नहीं गये। उस समय हिन्दू धर्म में एक रूढ़ीवाद प्रचलित थी कि समुद्र पार जाना अर्थात् विदेश जाना पाप माना जाता था। इसलिए आशुतोष की माँ ने भी अपने बेटे को विदेश पढ़ाई के लिए जाने से मना कर दिया था।

जैसा कि सर आशुतोष अपने पिता के बड़े सन्तान थे, इनका जन्म 2 जून 1864 को कलकत्ता में ही हुआ था। ये कलकत्ता विश्वविद्यालय के पहले ऐसे छात्र थे,

जिन्होंने दो डिग्रीयाँ ली। इन्होने पहला स्नाकोत्तर गणित में किया और दूसरा स्नाकोत्तर भौतिक शास्त्र में किया। वहीं 1888 में कानून की परीक्षा पास कर वकालत करने योग्य बने। अत: इन्हें एक गणितज्ञ और न्यायविद के भी रूप में देखा जाने लगा। साथ ही इनकी पहचान एक शिक्षाविद् के तौर पर भी होने लगी। इन्होंने कानून में शोध भी किया। इनकी गणित की पुस्तक 'ऍन एलीमेंट्री ट्रीटाइज ऑन जियोमेट्रिक कॉनिक' आज भी पढ़ाई जाती है। यह पुस्तक देश-विदेश के पुस्तकालय में आसानी से उपलब्ध हो जाती है। कहा जाता है कि इन्हें कानून के अध्ययन करने की प्रेरणा सुरेन्द्रनाथ बनर्जी की गिरफ़्तारी से मिली। सुरेन्द्र नाथ बनर्जी एक राष्ट्रवादी नेता थे जिसे राष्ट्रगुरू भी कहा जाता है। बनर्जी 1919 में कांग्रेस छोड़कर 'इंडियन नेशनल लिबरेशन फ्रंट' की स्थापना की थी। इन्होंने ने ही बंगाली समाचार पत्र का सम्पादन किया था। वहीं 1883 में 'दी बंगाली' में कलकत्ता उच्च न्यायालय के निर्णय की आलोचना सुरेन्द्र नाथ बनर्जी ने की थी। न्यायालय के अवमानना के तहत इन्हें गिरफ्फ्तार कर जेल भेज दिया गया। ये पहले भारतीय पत्रकार थे, जिन्हें जेल हुआ। परिणाम स्वरुप बंगाल में विरोध-प्रदर्शन भी हुआ। इस विरोध-प्रदर्शन में आशुतोष मुकर्जी भी शामिल थे। उनेक नेतृत्व में छात्रों के एक समूह ने कलकत्ता उच्च न्यायालय में ही विरोध प्रदर्शन किया। यही घटना आशुतोष को कानून के अध्ययन के लिए प्रेरित किया।

ब्रिटिश हुकूमत ने आशुतोष मुकर्जी को 'नाईट' की उपाधि दी थी। इस उपाधि के बाद ही इनके नाम के आगे 'सर' लग गया और ये सर आशुतोष मुकर्जी कहे जाने लगे। ये 1904 में कलकत्ता उच्चन्यालय के न्यायाधीश बने और 1906 में कलकत्ता विश्वविद्यालय के कुलपति बने। जब वायसराय लार्ड कर्जन ने इन्हें कलकत्ता उच्च न्यायालय का न्यायाधीश नियुक्त करने के लिए आमन्त्रित किया तो इन्होंने ने वायसराय लार्ड कर्जन से कहा कि मेरी माँ यदि अनुमति देती है तो इस पेशकश को स्वीकार करूंगा। फिर माँ के अनुमति से इन्होंने न्यायाधीश के पद को स्वीकार किया। 1920 में इन्हें कलकत्ता उच्च न्यायालय के मुख्य न्यायाधीश की भी ज़िम्मेवारी मिली।

भारत के प्रथम राष्ट्रपति राजेन्द्र प्रसाद ने अपनी आत्मकथा में सर आशुतोष मुकर्जी से जुड़े एक प्रसंग का उल्लेख किया है। राजेन्द्र प्रसाद ने एक कनिष्ठ वकील के रूप में खान बहादुर के साथ काम करना शुरू किया था। एक दिन वे अपने वरिष्ठ अधिवक़्ता की कोर्ट में इन्तज़ार कर रहे थे तब मुकर्जी ने उन्हें ही मुकदमे की पैरवी करने को कह दिया। राजेन्द्र बाबू थोड़ा घबड़ाए, लेकिन मुकदमे में उनकी दलीले

सुनकर जज आशुतोष मुकर्जी काफ़ी प्रभावित हुए। मुकदमे के बाद उन्हें अपने चैम्बर में बुलाया और कलकत्ता विश्विद्यालय के विधि महाविद्यालय में प्राध्यापक के पद पर नियुक्ति की पेशकश की। राजेन्द्र बाबू अभी दो साल से ही वकालत कर रहे रहे थे। उन्होंने सहर्ष इस प्रस्ताव को स्वीकार कर लिया। आशुतोष मुकर्जी को क्या पता था कि जिस प्रतिभा को वे मौका दे रहे हैं, वे आगे चलकर भारत गणराज्य का प्रथम राष्ट्रपति बनेगा। सर आशुतोष ने प्रतिभा को पहचानने की कला और दोस्तों के विशाल नेटवर्क का उपयोग करके देश के कोने-कोने से प्रतिभाशाली लोगों और शिक्षाविदों को लाकर कलकत्ता विश्वविद्यालय को उत्कृष्ट संस्थान बनाने का प्रयास किया। उनकी खोजों में डॉ सी. वी. रमन, जो भौतिकी के प्रोफ़ेसर के रूप में शामिल हुए, से लेकर डॉ. सर्वपल्ली राधाकृष्णन और श्रीनिवास रामानुजन और कई अन्य विद्वान शामिल थे। जल्द ही, कलकत्ता विश्वविद्यालय अकादमिक और बौद्धिक गतिविधियों का केन्द्र बन गया। पीसी रॉय, जिन्हें आधुनिक भारत में रसायन विज्ञान का जनक माना जाता है, और पुरालेखविद् डी आर भंडारकर जैसे दिग्गजों ने विज्ञान संकाय को शैक्षणिक रूप से समृद्ध बनाया। कलकत्ता विश्वविद्यालय का विज्ञान संकाय देश के सर्वोच्च वैज्ञानिक संस्थान के रूप में गिना जाने लगा। इस संस्थान को बनाने के लिए दरभंगा महाराज, सर रासबिहारी घोष, सर तारकनाथ पालित जैसे लोगों ने सर आशुतोष मुकर्जी के कहने पर आर्थिक सहयोग किया। तारकनाथ पालित कलकत्ता के नामी वकील थे और बंगाल विभाजन के समय स्वदेशी आन्दोलन से भी जुड़े थे। आशुतोष मुकर्जी के साथ-साथ सर तारकनाथ पालित का भी महत्त्वपूर्ण सहयोग आज के जादवपुर विश्वविद्यालय के स्थापना में भी था। उस समय इसकी स्थापना 'बंगाल तकनीकी संस्थान' के रूप में हुई थी। आशुतोष मुकर्जी के रविन्द्रनाथ टैगोर से भी पारिवारिक सम्बन्ध थे। रवीन्द्रनाथ टैगोर को विश्वविद्यालय में व्यख्यान के लिए आमन्त्रित किया जाता था। सैकड़ों छात्र और शिक्षक रवीन्द्रनाथ टैगोर के अतिथि व्याख्यान में भाग लेने के लिए एकत्र हुआ करते थे। सर आशुतोष द्वारा बनाया गये अकादमिक माहौल की विविधता ऐसी थी कि विश्वविद्यालय में उच्चतम स्तर की बौद्धिक स्वतन्त्रता को बढ़ावा मिला।

सर आशुतोष मुकर्जी को उनके निर्भीक स्वाभाव के कारण उन्हें 'बंगाल का बाघ 'कहा जाता था। वे पूरे भारत में धोती और कोट पहनकर ही घूमते थे। वे अंग्रेज़ो की परवाह किये बिना उनके साथ भी बैठके इसी पोशाक में करते थे। उन दिनों समान्यतः इस स्तर के लोग कोट पैंट ही पहना करते थे। इनके इस तरह के स्वाभाव से सम्बन्धित एक दिलचस्प खिस्सा जुड़ा है। एक बार वे रेल के प्रथम श्रेणी में यात्रा

कर रहे थे। यात्रा के दौरान अपने बर्थ पर सोये हुए थे। बीच रास्ते में कहीं से एक अंग्रेज़ ट्रेन में सवार हुआ। बर्थ पर एक काले नंगे व्यक्ति को खर्राटे भरते देख अंग्रेज़ को गुस्सा आ गया। उसने उनके बन्द गले के काले कोट को जो टँगा हुआ था, उसे उठाया और रात्रि में ही खिड़की से बाहर फेंक दिया। और अपना पोषाक बदल कर पैजामे पहन कर सो गया। आशुतोष मुकर्जी जब सुबह पाँच बजे उठे तो देखा की उनका कोट नहीं है। सर आशुतोष को समझने में देर नहीं लगी की यह काम किसने किया होगा। सर आशुतोष ने भी अंग्रेज़ के टँगे हुए पोशाक को उठाया और खिड़की से बाहर फेंक दिया। अंग्रेज़ की जब सुबह नींद टूटी तो देखा उसके कपड़े गायब है। उसने तुरन्त सर आशुतोष पर आरोप लगाये की तुमने मेरे कपड़े फेंक दिए। आशुतोष ने भी अपने 'बंगाल के बाघ' के नाम को चरितार्थ करते हुए कहा कि तुम्हारे कपड़े मेरे कोट लाने गये हैं।

सर आशुतोष की शादी 20 वर्ष की अवस्था में ही हो गयी थी, जब वे छात्र थे। इनकी शादी कलकत्ता के कृष्णनगर में रामनारायण भट्टाचार्य की पुत्री रखाली से हुई थी। शादी के बाद रखाली का नाम बदलकर योगमाया हो गया था। इनकी पहली सन्तान पुत्री कमला का जन्म शादी के नौ वर्ष बाद 1895 में हुआ. सन्तानोत्पत्ति में देरी के कारण आशुतोष पर दूसरी शादी का दबाव समाज द्वारा बनाया जा रहा था। उस समय बहुविवाह की प्रथा प्रचलित थी। उस समय का समाज सन्तान नहीं होने का कारण स्त्री को बाँझ मान लेता था। सन्तानोत्पत्ति में विलम्ब या त्रुटी के लिए पुरुष में दोष नहीं माना जाता था। बतौर तथागत राय, इस तरह की बात सुनकर आशुतोष मुकर्जी के पिता चौंक गये। उन्होंने तुरन्त अपनी वसीयत और मकान आशुतोष मुकर्जी को देने के बजाये अपनी पत्नी जगत्तारिणी और बहु योगमाया के नाम कर दिया।

प्रथम सन्तान पुत्री कमला के जन्म के बाद 1896 में पुत्र रमाप्रसाद का जन्म हुआ। श्यामा प्रसाद 1901 में, उमा प्रसाद का जन्म 1902 में, पुत्री अमला का जन्म 1905 में, चौथे पुत्र बामा प्रसाद का जन्म 1906 में,सबसे छोटी सन्तान पुत्री रमला का जन्म 1908 में हुआ. कमला बड़ी सन्तान होने के कारण पिता आशुतोष की सबसे प्यारी थी। इसकी शादी राष्ट्र गीत 'वन्दे मातरम्' के रचयिता बंकिमचन्द्र चटर्जी के नाती शुभेंदु सुन्दर बनर्जी के साथ हुई। उस समय कमला की उम्र मात्र 9 वर्ष थी। विवाह के कुछ माह बाद शुभेंदु टॉयफायड के चपेट में आ गये। उन दिनों टॉयफायड लाइलाज बीमारी थी। इस बीमारी का इलाज उस समय नहीं था। अत: मृत्यु ने इन्हें अपने चपेट में ले लिया। उस समय विधवा विवाह को सामाजिक मान्यता नहीं मिली थी, लेकिन ईश्वर चन्द्र विद्यासागर के प्रयासों से कानूनी मान्यता ज़रूर मिल गयी

थी। कानूनी मान्यता मिले हुए बहुत ज़्यादा दिन नहीं हुए थे। इसलिए समाज उस समय पूरी तरह से स्वीकार नहीं कर पाया था। लेकिन सर आशुतोष अपनी माँ की सहमती लेकर अपनी बेटी कमला का पुनर्विवाह उच्च न्यायालय के एक वकील ब्रजेन्द्र नाथ कांजीलाल के साथ कर दिया। इस कार्य को लेकर समाज के एक बड़े तबके की आलोचना आशुतोष को झेलनी पड़ी। साथ ही आलचकों में उनके दोस्त भी शामिल थे। किसी दार्शनिक ने ठीक ही कहा है कि सही गलत कुछ होता नहीं है वह समय और परिस्थति पर निर्भर करता है या समाज उसे किस तरह से धारण करता है उस पर निर्भर करता है। उस समय के समाज में विधवा पुनर्विवाह को गलत मानने की सोच थी। इसलिए उसे लोग आसानी से स्वीकार नहीं कर रहे थे, लेकिन यह सोच धीरे-धीरे बदल गयी और इसे आज अच्छा माना जाता है। इसलिए विरोध करने वाले को पूरी तरह से गलत नहीं कह सकते है, चूकि विधवा पुनर्विवाह को गलत मानना ही सच था और आज उसे सही मानना ही सच है। तथागत रॉय अपनी पुस्तक 'श्यामा प्रसाद-लाइफ एंड टाइम्स' में लिखते हैं कि बंकिम चन्द्र चटर्जी की बेटी अर्थात कमला के पूर्व पति शुभेंदु की माँ ने बहु (कमला) को वापस करने के लिए न्यायालय में मुकदमा कर दिया और ज़बरदस्ती वापस लाने की कोशिश की, लेकिन वापस लाने की कोशिश नाकाम रही। लेकिन दुर्भाग्यवश ब्रजेन्द्र की भी मृत्यु जल्दी ही हृदयघात से हो गयी। इन दोनों घटनाओं के कारण आशुतोष मुकर्जी विदेश पढ़ने के लिए नहीं गये, क्योंकि उस समय हिन्दू समाज में ये प्रचलित था कि समुन्द्र पार जाना पाप है और दूसरी घटना माँ की सहमती से बेटी का पुनर्विवाह करना और विधवा पुनर्विवाह से जुड़ी कुरीतियों को चुनौती देना दर्शाता है कि डॉ. श्यामा प्रसाद मुकर्जी का बचपन ऐसे परिवार में बिता जो रुढ़िवादिता के साथ साथ प्रगतिशील सोच भी रखता था।

कई मायनों में उस समय के मध्यम वर्गीय हिन्दू परिवार की तरह मुकर्जी परिवार संकीर्ण भी था। एक मधुपुर की घटना जिसका उल्लेख श्यामा प्रसाद की डायरी में मिलता है। मधुपुर में 'माँ पथरोल' काली मन्दिर है, जहाँ बकरे की बलि चढ़ती है। मुकर्जी परिवार घूमने पथरोल काली मन्दिर जाया करता था। कभी-कभी बलि चढ़ाया गया बकरे का माँस उनके घर भेज दिया जाता था। उसी समय वे लोग माँस खा पाते थे। बाज़ार का ख़रीदा हुआ माँस घर में नहीं बनता था। श्यामा प्रसाद इस प्रसंग का ज़िक्र इस प्रकार किया है, "हम हर साल एक बार पथरोले जाते थे। बलिदान किये हुए जानवरों के रक्त मन्दिर के टूटे हुए फ़र्श पर बहते रहता था। कभी-कभी, बलि दिए गये बकरा का एक सिर हमारे घर भेजा दिया जाता था। हमारा परिवार बहुत ही

रूढ़िवादी था। जानवरों का माँस रसोयी के बाहर पकाया जाता था, और रसोयी में प्याज भी वर्जित था। हमने कभी बाज़ार से माँस नहीं खरीदा।"

सर आशुतोष मुकर्जी 1923 में कलकत्ता उच्च न्यायालय से त्याग-पत्र दे दिए और वकालत शुरू कर दिया। ये डुमरांव महाराज का मुकदमा देख रहे थे। इस मुकदमे में पैरवी के लिए सर आशुतोष ने 2.5 लाख रुपए मेहताना लिए थे, जो आज के करोड़ों रुपये के बराबर है। मुकदमे के सिलसिले में पटना गये थे। वहीं इनकी तबियत ख़राब हुई और पटना प्रवास के दौरान ही 24 मई 1924 को इनकी मृत्यु हो गयी। श्यामा प्रसाद अपनी डायरी में अपने पिता के मृत्यु का ज़िक्र करते हुए लिखते हैं–"मधुपुर का आकर्षण मानों खो गया है। चारों ओर निराशा और एक सन्नाटा था। दीदी के बिना सब कुछ फीका लग रहा था। हम उस वर्ष क्रिसमस की छुट्टियों में कहीं नहीं जा सकें। जनवरी में मेरे पिता ने साठ साल की उम्र से कुछ महीने पहले इस्तीफ़ा दे दिया था। उन्होंने डुमरांव राज के मामले की पटना हाईकोर्ट में ब्रीफिंग ढ़ाई लाख रुपये की शुल्क लेकर स्वीकार कर ली थी। प्रथमा , मेरे सबसे बड़े भाई, और रूपेन बाबू उनके साथ पटना चले गये। मैं कुछ ही दिनों के लिए शिमला में था। मैं प्रतिदिन उनसे पत्र और टेलीफ़ोन प्राप्त होते थे। अन्तिम टेलीग्राम में उन्होंने कहा था, 'मुझे बुखार है, कोई चिन्ता नहीं है। नांटू के लिए खिलौने लाओ और मेरे लिए चलने की छड़ी। ' फिर मुझे एक सन्देश मिला, जिसमें मुझे नीलरतन बाबू के साथ तुरन्त वापस कलकत्ता लौटने के लिए कहा गया। रास्ते में मुझे मालूम हुआ कि सर आशुतोष का निधन 24 मई को हो गया था। मैं शाम करीब सात बजे पंजाब मेल से पटना पहुँचा, लेकिन बहुत देर हो चुकी थी। शाम 6.45 बजे सब ख़त्म हो गया था।"

श्यामा प्रसाद के डायरी में बचपन में मधुपुर में बिताये दिनों का उल्लेख मिलता है। उनके पिता सर आशुतोष कलकत्ता के शोर-शराबे से दूर मधुपुर में भी अपना एक आवास निर्माण करावाएँ थे। जानकारों की मानें तो एक जमाने में मधुपुर में बंगाल की नामी-गिरामी हस्तियों की 560 कोठिया थीं। मौसम परिवर्तन के वक़्त बंगाली बाबू सैलानी के रूप में मधुपुर आते थे। गांधी जी भी 1925 में मधुपुर आये थे। उन्होंने वहाँ के नगरपालिका के नये भवन तथा एक नाट्य विद्यालय का उद्घाटन किया था। गांधी जी मधुपुर प्रवास के दौरान चम्पा कोठी में रुके थे। वैसे तो मधुपुर नगरपालिका का उद्घाटन 1909 में हुआ था, लेकिन उसके नये भवन का उद्घाटन गांधी जी ने बाद में किया था। उस समय गांधी जी ने कहा था कि यह नगरपालिका को उसकी आबोहवा और उसके आसपास के कुदरती दृश्य के अनुरूप एक बहुत सुन्दर जगह बना देगी। यही कुदरती आबोहवा और वहाँ के स्वास्थ्यवर्धक जलवायु को देखते

हुए सर आशुतोष मुकर्जी ने वहाँ दो मंजिला भवन का निर्माण करवाया था, जिसका नाम अपने पिता गंगा प्रसाद के नाम पर 'गंगा प्रसाद भवन' रखा था। श्यामा प्रसाद अपने जीवनकाल में अक्सर यहाँ विश्राम और चिन्तन के लिए आया करते थे। इन बातों की ज़िक्र उनके डायरी में मिलती है। जब वह बारह साल के थे तो मधुपुर का मकान बनना शुरू हुआ था। वह लिखते हैं "हम सभी गृह प्रवेश को लेकर उत्साहित थे। ...रिवाज़ यह था कि घर का मालिक पहले गाय की पूँछ पकड़कर घर में प्रवेश करेगा, यह काम मेरी दादी को सौंपा गया। सौम्य स्वभाव वाली गाय जो भागे न या पूँछ पकड़ते समय बिदके न को ढूँढ़ना आसान नहीं था। गृह प्रवेश करते समय घर अभी पूरा नहीं बना था। गृह प्रवेश की बड़ी पार्टी हुई थी, जिसमें लगभग पूरा मधुपुर इसमें सम्मिलित हुआ। कलकत्ता से भी काफ़ी लोग आये थे।"

जब भी मुकर्जी परिवार मधुपुर आता था, उनके पारिवारिक मित्र बहुबल्लभ शास्त्री प्राय: साथ आते थे। शास्त्री जी का मन श्यामा प्रसाद और उनके परिवार के अन्य बच्चों के साथ बहुत लगता था। वह बच्चों को कहानियाँ ख़ूब सुनाया करते थे। अच्छा पकवान देखकर वह अपने को रोक नहीं पाते थे। ऐसे तो एकादशी के दिन वे पूरी (लूची) खाते थे, लेकिन मटन पका हुआ देखकर वह अपनी पूरी (लूची) को उसकी ग्रेवी में डुबाने से ख़ुद को नहीं रोक पाते थे। और उनके पिताजी के मित्रो में जो मधुपुर आया करते थे उनमें एक हीरालाल बनर्जी थे। जिन्हें वे जथामशाई कहते थे। वह अद्‌भुत कहानीकार थे। वह अपने पहनावे को लेकर बहुत सजग रहते थे, और कभी भी इत्र या गुलाब जल लगाए बिना बाहर नहीं जाते थे। वह प्लीटेड धोती और बालापोश में बहुत ख़ूबसूरत लगते थे। लेकिन वह ठण्ड में शायद ही कभी स्नान करते थे। श्यामा प्रसाद उस दिन को याद करते हुए लिखते हैं, 'मुझे याद है एक दिन मेरे पिता उन्हें कुएँ के पास लेकर गये। इससे पहले कि बेचारे वह (जथामाशाई) कुछ समझ पाते, पिताजी ने माली को उनके सिर पर एक बाल्टी पानी डालने का इशारा किया। सर्दी का मौसम था और जथामाशाई एक ओवरकोट और एक बालापोस्क पहने हुए थे। पानी पड़ते ही वह सहम से गये। लेकिन वास्तव में उन्हें कुछ नहीं हुआ।"

श्यामा प्रसाद के सभी शिक्षक यहाँ (मधुपुर) आते थे। वह लिखते हैं हमारे सभी शिक्षक हरेन बाबू, मुकुन्द बाबू, पण्डितमशाय, कभी-कभी सतीश बाबू, प्रधानाध्यापक और कई अन्य मधुपुर आया करते थे। गर्मियों सुबह में वहाँ का पानी बर्फ़ की तरह ठण्डा होता था। वे लोग इसे मिट्टी की जार में संग्रहित करते थे ताकि दोपहर के समय ठण्डा पानी से स्नान कर सके। श्यामा प्रसाद जनवरी 1948 में अपने डायरी में बचपन में मधुपुर में बिताये दिनों को याद करके लिखें है–वे दिन कितने

आनन्दमय थे! दोपहर को हवा आँधी की तरह चलेगी। हम पढ़ते थे, और गपशप करते थे ,और घूमते थे। मधुपुर में खाने की चीज़े काफ़ी सस्ती थी। उन दिनों मधुपुर में भोजन सस्ता और प्रचुर मात्रा में था। दूध, मछली, मक्खन, तेल, घी सब कुछ आसानी से उपलब्ध था। प्रत्येक सुबह हम मिश्री के साथ मक्खन का खाया करते थे। गर्मियों में एक रुपया, में बारह या सोलह सेर दूध मिल जाता था। दुर्गा पूजा के समय में कुछ महँगा हो जाता था फिर भी एक रुपये में आठ सेर तक मिल जाता था। हर प्रकार के भोजन घर पर पकाया जाता था। हम ख़ूब पैदल चलते थे, उन दिनों मधुपुर में मुश्किल से ही कोई गाड़ियाँ थीं। और मेरे पिता जी भी मधुपुर कार लाने के बिल्कुल भी पक्ष में नहीं थे। मेरे पिता जी प्रत्येक सप्ताह के अन्त में पंजाब मेल से आया करते थे। ...हम अक्सर उनके आने से पहले ही सो जाते थे, लेकिन कभी-कभी हमें दूर से ट्रेन आने की आवाज़ सुनाई देती थी। हमारी नींदे खुल जाती थी हम ख़ुश हो जाते थे कि पिताजी आ गये हैं। प्रत्येक रविवार को शाम तक उनके कलकत्ता चले जाने के बाद सब कुछ अन्धकारमय लगने लगता था।"

श्यामा प्रसाद पर उपलब्ध साहित्य से पता चलता है कि अन्य बच्चों की तरह उन्हें अपना ननिहाल जाना बहुत पसन्द था। भारतीय पारिवारिक संस्कृति में ननिहाल मौज मस्ती की जगह होती है। श्यामा प्रसाद का ननिहाल कृष्णानगर था। आज यह पश्चिम बंगाल नदिया जिले का मुख्यालय है। कहा जाता है कि इसका नाम नदिया राज के राजा कृष्ण चन्द्र रे (1728-1782) के नाम पर रखा गया था। इन्हें न केवल मुग़ल शासन के प्रतिरोध का श्रेय दिया जाता है, बल्कि उनके राज्य में कला के विस्तार और संरक्षण का भी श्रेय दिया जाता है।

श्यामा प्रसाद मुकर्जी का पुकार का नाम बेनी था। इन्हें लोग भूती भी कहकर बुलाते थे। ये साँवले थे शायद इसलिए इन्हें लोग बचपन में भूती कहकर बुलाते थे। मामा पंचानन को अपने भांजे बेनी से बेहद लगाव था। वे सर आशुतोष के घर पर ही रहा करते थे, जब भी वे कृष्णानगर जाते थे श्यामा प्रसाद को भी अपने साथ ले जाते थे।

बतौर तथागत रॉय, दूसरा व्यक्ति जो श्यामा प्रसाद को बहुत प्यार करते थे, वे उनकी दादी जगततारिणी के भाई अधारचन्द्र चटर्जी थे। ये बच्चों को बहुत कहानियाँ सुनाते थे। इसलिए बच्चों का भी इनसे लगाव था। बेनी पर खासकर इनका काफ़ी प्रभाव भी था। लेकिन इन्हें शराब पीने की लत थी। इसलिए आशुतोष मुकर्जी ने इन्हें अपने घर आने से माना कर दिया।

श्यामा प्रसाद का बचपन ज़्यादातर उनके पैतृक घर भवानीपुर में ही व्यतीत हुआ। चुकी बंगाल के एक प्रतिष्ठित और उच्च शिक्षित परिवार से आते थे। इसलिए

उनके घर उस समय के बुद्धिजीवी, नेता, न्यायविदों आदि का आना जाना लगा रहता था। इस तरह के परिवेश का भी असर श्यामा प्रसाद पर पड़ा। वह ऐसे समय में जन्म लिए थे जब बालगंगाधर, बंकिमचन्द्र चटर्जी के विचार भारतीय बुद्धिजीवी समाज में ज़्यादा प्रभावी थे। लाल-बाल-पाल की तिकड़ी स्वतन्त्रता आन्दोलन में मशहूर थी। बाल गंगाधर तिलक को तो अंग्रेज़ी हुकूमत भारतीय अशान्ति का जनक कहती थी। तिलक ने नारा दिया था 'स्वराज हमारा जन्मसिद्ध अधिकार है और मैं इसे लेकर रहूँगा'। उसी समय बंकिम चन्द्र चटर्जी जैसे देशभक्त ने 'वन्देमातरम' जैसा राष्ट्रीयता से ओतप्रोत गीत लिखा। भविष्य के श्यामा को रचने में हो सकता है राष्ट्र समाज का इस तरह का माहौल उत्प्रेरक का कार्य किया हो।

जब श्यामा पाँच वर्ष के हुए तो स्कूल जाना शुरू किये। उस समय लोग अपने बच्चों को प्राय: इसी अवस्था या इससे भी देरी से स्कूल भेजा करते थे। इनको नामाँकन दूसरी कक्षा में 'भवानीपुर मित्रा इंस्टीट्यूशन' मिला था। आज यह स्कूल कलकत्ता के हेरिटेज स्कूलों में गिना जाता है। इसकी स्थापना सन 1898 में सर आशुतोष मुकर्जी के मित्र विशेश्वर मित्रा ने की थी। ऐसा कहा जाता है कि इस स्कूल की स्थापना सर आशुतोष मुकर्जी की प्रेरणा से ही उनके मित्र ने की थी। श्यामा को बचपन में महापुरुषों की कहानियाँ पढने-सुनने में काफ़ी दिलचस्पी थी। खेल-ख़ुद में उनकी ज्यदा रूचि नहीं थी, वे अध्ययन में ज़्यादा रुचि लेते थे। जब वह इंटरमीडिएट्स थे (उस समय इंटरमीडिएट यूनिवर्सिटी में हुआ करता था) तो अर्थेर कॉनन डोयल की रचना 'शेरलक्स होल्म्स' का अध्ययन कर चुके थे।

श्यामा प्रसाद ने 16 वर्ष की अवस्था में मैट्रिक की परीक्षा अच्छे अंको से उतीर्ण हुए। वह मैट्रिक की परीक्षा 1916 में ही देने वाले थे। लेकिन तब उनकी उम्र सोलह साल पूरी नहीं हुई थी। 1918 से पहले मैट्रिक की परीक्षा में श्यामा नहीं बैठ सकते थे। नियमानुसार उन्हें अगले दो वर्षों तक उसी कक्षा में रहना था। वह उस समय ही अंग्रेज़ी और फ्रेंच का भी अध्ययन कर रहे थे। अन्तत: उनके परिवार ने यह निर्णय लिया कि वह मधुपुर में ही दीदी के पास रहें, और साथ में उनके शिक्षक मुकुन्द बाबू भी रहेंगे। 1917 में प्रश्नपत्र दो बार लीक हो गये। बाद में नये सिरे से दुबारा परीक्षा हुआ और कम उम्र वालों को भी परीक्षा देने का मौका मिला। श्यामा प्रसाद भी परीक्षा में बैठे। हालाँकि वे पर्याप्त रूप से परीक्षा में देने के लिए तैयार नहीं थे, क्योंकि उन्हें थोड़ा भी अनुमान नहीं था की उसी साल ही परीक्षा देनी पड़ेगी। हालाँकि, श्यामा 10 रुपये प्रति माह की छात्रवृत्ति के साथ उस वर्ष मैट्रिक की परीक्षा में उत्तीर्ण हुए।

शिक्षा व विवाह

श्यामा को मैट्रिकुलेशन के बाद इंटरमीडिएट के पढ़ाई के लिए प्रेसीडेंसी कॉलेज में दाखिला मिला। यह अब बंगाल राज्य के अन्तर्गत आने वाला राज्य विश्विद्यालय हो गया है और इस कॉलेज को प्रेसीडेंसी यूनिवर्सिटी के नाम से जाना जाता है। उस समय इंटरमीडिएट की पढ़ाई कॉलेज में हुआ करती थी।

चूँकि कलकत्ता विश्वविद्यालय के इनके पिता कुलपति थे, इसलिए श्यामा प्रसाद कॉलेज में अपने पिता के निगरानी में ही एक तरह से रहते थे। वहाँ भी पिता के शैक्षिक कार्यों में मदद करते थे, जिससे इन्हें बहुत कुछ कम उम्र में ही सीखने को मिलता था। इसके साथ ही श्यामा प्रसाद ने इंटरमीडिएट की परीक्षा भी प्रथम श्रेणी से पास किया। इन्हें साहित्य से स्कूल के दिनों से ही लगाव था। इंटरमीडिएट के पढ़ाई के द्वारान जब 'शेरलॉकहोम्स' पढ़ा तो उन्हें इसके रचनाकार से मिलने की इच्छा हो गयी। जब वह पढ़ाई के लिए इंग्लैंड गये तो शेरलॉकहोम्स के रचनाकार आर्थर कानन डायल से मिले। इंटरमीडिएट में इन्होंने विश्वविद्यालय में प्रथम स्थान प्राप्त किया। इसके लिए इन्हें बंकिम चन्द्र स्वर्ण पदक प्रदान किया गया। स्नातक करने के लिए अंग्रेज़ी साहित्य में प्रवेश लिया। इस द्वारान इन्हें कॉलेज के पत्रिका का महासचिव बनाया गया। ऐसा सम्भव है कि श्यामा प्रसाद को पत्रकार बनने की प्रेरणा यही से मिली हो जो समय के साथ परिवर्तित हो कर अकादमिक और राजनीतिकी ओर बढ़ गया। 1921 में बी.ए. (ऑनर्स) अंग्रेज़ी में प्रथम श्रेणी प्राप्त किया। राज्य स्तर पर अच्छा प्रदर्शन के लिए इन्हें रजत पदक से सम्मानित किया गया। जब श्याम कॉलेज जाना शुरू किये थे तो अंग्रेज़ी पोशाक की जगह अपने पिता की तरह ये भी स्वदेशी पोशाक धोती और कुर्ता पहनना पसन्द किया करते थे। इसका कारण श्यामा के बालमन पर स्वदेशी आन्दोलन का प्रभाव था, जो आगे भी अमिट रहा। वर्ष 1905 में बंग-भंग विरोधी आन्दोलन से स्वदेशी आन्दोलन को बल

मिला था। यह आन्दोलन जन जागरण का सशक्त माध्यम बन गया था। उस समय इस आन्दोलन के अग्रदूत रवीन्द्रनाथ ठाकुर, अरविन्द घोष, बाल गंगाधर तिलक, लाला लाजपत राय थे। 1911 में बंगाल के एकीकरण तक चलने वाले आन्दोलनों में सबसे सफल आन्दोलन था। यह आन्दोलन बंगाल से बाहर जा चुका था। जब महात्मा गाँधी का भारतीय स्वतन्त्रता आन्दोलन में पर्दापण हुआ तो इन्होने स्वतन्त्रता आन्दोलन में स्वदेशी की अवधारणा को एक महत्त्वपूर्ण अंग बनाया।

स्नात्कोतरमें श्यामा प्रसाद ने अंग्रेज़ी से करने के बजाये बंगाली साहित्य में किया। हालाँकि, यह उस समय के फैशन के विपरीत था। अंग्रेज़ी में ऍम.ए करना उस समय फैशन में था और प्रतिष्ठा की बात होती थी। साथ ही साथ उसी विश्वविद्यालय में उन्होंने बैचलर ऑफ़ लॉ में दाखिला ले लिया। 1923 में उन्होंने एम.ए प्रथम श्रेणी से उतीर्ण किया और अगले साल 1924 में कलकत्ता विश्वविद्यालय के विधि संकाय से बैचलर ऑफ़ लॉ भी प्रथम श्रेणी से पास कर गये। दो साल बाद श्यामा प्रसाद विधि में उच्च शिक्षा के लिए इंग्लैंड गये। 1927 में इंगलिस बार में उन्हें निमन्त्रण मिला। एम.ए के दौरान उन्होंने स्वामी रामकृष्ण परम हंस के शिष्य गिरीशचन्द्र घोष जो कि एक बंगाली नाटककार, निर्देशक, लेखक थे, के सामाजिक मुद्दे से सम्बन्धित नाटकों पर थीसिस लिखा था। गिरीश चन्द्र घोष का बंगाली नाट्यमंच में सुनहरा युग लाने में सराहनीय योगदान था। गिरीश की पहली मुलाकात श्री रामकृष्ण से उनके पड़ोसी कालीनाथ बोस के पैतृक घर में हुई थी। उसके बाद 21 सितंबर 1884 को श्री रामकृष्ण उनके स्टार थिएटर में चैतन्य लीला देखने गये। ऐसा कहा जाता है कि गिरीश की श्री रामकृष्ण से पहली मुलाकात बहुत सौहार्दपूर्ण नहीं थी। उन्होंने श्री रामकृष्ण को दिव्य परमानन्द में देखा और सोचा कि यह कोई चाल है। लेकिन बाद में जब रामकृष्ण उनसे मिले तो उन्होंने उन्हें बताया कि यह घटना कोई चाल नहीं थी और गिरीश को यह देखकर बेहद आश्चर्य हुआ कि मास्टर ने उनके विचारों को पढ़ा। बाद में जब रामकृष्ण परमहंस उनके थिएटर का दौरा करने गये तो उनके और गिरीश के बीच बार-बार नमस्कार का आदान-प्रदान होता रहा और अन्तत: गिरीश को हार माननी पड़ी। राम कृष्ण परमहंस ने गिरीश चन्द्र बोस को सुझाव दिया कि नाटक में ईश्वर का लीला दिखाया करो। इससे तुम्हारी भी वृत्तिईश्वर की ओर होगी और औरों की भी वृत्तिईश्वर की ओर होगी। क्योंकि सब मिथ्या है, केवल ईश्वर सत्य है। श्यामा प्रसाद के पिता सर आशुतोष मुकर्जी का भी रामकृष्ण परमहंस से मिलना हुआ था। जब प्रेसीडेंसी कॉलेज में सर आशुतोष मुकर्जी विवेकानन्दे के सम्पर्क में आये। उसी दौरान वह भी विवेकानन्द के साथ स्वामी रामकृष्ण परमहंस के दर्शन किये थे।

बतौर तथागत राय, चूँकि आशुतोष मुकर्जी कलकत्ता विश्वविद्यालय के कुलपति थे। कुलपति के पुत्र होने केकारण कॉलेज का आकर्षण श्यामा प्रसाद की ओर था। इसलिए आशुतोष मुकर्जी पर भाई-भतीजावाद का आरोप भी लगा। लेकिन इस आरोप का कोई तथ्य नहीं था। क्योंकि श्यामा के प्रतिभा पर कोई शक नहीं कर सकता था।

श्यामा प्रसाद की शादी 1922 में जब वह एम.ए कर रहे थे, उसी समय बेनीमाधव चक्रवर्ती की पुत्री सुधाचक्रवर्ती से हो गयी थी। उस समय श्यामा प्रसाद की आवस्था 21 वर्ष की होगी। बेनीमाधव चक्रवर्ती के पिता बिहारीलाल चक्रवर्ती अर्थात् सुधा चक्रवर्ती के दादा एक बंगाली कवि थे। वह कोलकाता के ज़ोराबगान में 1835 में जन्मे थे लेकिन बिहार के मुज़फ़्फ़रपुर में आकर बस गये थे। उस समय बिहार और बंगाल एक ही राज्य था। उन्हें बांग्ला, अंग्रेज़ी और संस्कृत का गहन ज्ञान था। उन्हें बंगाली साहित्य में संगीत कविता का अग्रणी माना जाता है। उनके उल्लेखनीय काव्य संग्रह में बंग दर्शन, बंग सुन्दरी, बन्धु बियोग, प्रेमबाहिनी, संगीत शतक, शढेर आशान, निशार्गसंदर्शन और शरदमंगल काब्या शामिल हैं। रवीन्द्रनाथ टैगोर बिहारीलाल चक्रवर्ती के कार्यों से प्रभावित थे और उन्हें बंगाली साहित्य का "मॉर्निंग बर्ड" नाम दिया था। रवीन्द्रनाथ टैगोर ने अपनी बड़ी बेटी माधुरीलता जिसे बेला नाम से भी जाना जाता था, की शादी बिहारीलाल चक्रवर्ती के बेटे शरत कुमार चक्रवर्ती से की थी।

श्यामा प्रसाद अपनी डायरी में लिखते हैं छोटी बहन उषा जिसका पुकार का नाम रोमला था, की शादी 1920 में हुई, उसके बाद उसी साल उनके बड़े भाई रमाप्रसाद की शादी हुई। उन्होंने लिखा है कि बड़े भाई के शादी के लिए कई प्रस्तावों आये थे। उनकी बड़ी बहन कमला और वे विशेष रूप से, वे लोग थे जिन्होंने बौडी (भाभी) से शादी के प्रस्ताव को मंजूरी दी थी। उसी समय सर आशुतोष को कार्यवाहक मुख्य न्यायाधीश बनाया गया और यह शुभ समाचार रमा प्रसाद के पत्नी अर्थात श्यामा प्रसाद के भाभी के घर में प्रवेश के साथ मिला था।

इसलिए परिवार में भाभी से सभी लोग को कुछ ज़्यादा ही लगाव हो गया था। श्यामा प्रसाद को भी अपनी भाभी से काफ़ी लगाव था। ऐसे भी देवर और भाभी के सम्बन्ध काफ़ी मधुर होते हैं। भाभी को माँ तक का दर्जा दिया गया है। श्यामा प्रसाद की पत्नी के मृत्यु के बाद उनके बच्चे को उनकी भाभी ने ही सम्भाला। यदि भाभी नहीं होती तो शायद वह राजनीतिक-समाजिक जीवन में ज़्यादा समय नहीं दे पाते। वे अपनी भाभी से सभी तरह के सलाह लिया करते थे। मुकर्जी परिवार में 1910 से दुर्गा पूजा बड़े धूम-धाम से मनाया जाता थे। जिस वर्ष उनकी भाभी मुकर्जी परिवार में आई,

उस वर्ष परिवार ने बनारस में दुर्गा पूजा बड़े धूम-धाम से मनाया। जनवरी 1946 में जब श्यामा प्रसाद हिन्दू महासभा के मीटिंग में शामिल होने के लिए कलकत्ता प्रवास पर थे तो उस समय अपनी अपनी डायरी में बनारस के दशहरा का ज़िक्र करते हैं, वे लिखते हैं, उन दिनों को जब याद करता हूँ तो मेरी आँखों में आँसू आ जाते हैं। वे सब लोग और वो दिन कहाँ गये? वे लिखते हैं कि बनारस में भाभी और मै मित्रवत हो गये थे। मैं उनकी गोद में सिर रखकर घण्टों बातें करता रहता।

जुलाई 1921 मेंश्यामा प्रसाद की भतीजी नीलू का जन्म हुआ। यह बहुत आनन्ददायक घटना थी। इसलिए परिवार ने उस वर्ष दुर्गा पूजा माधवपुर में बड़े धूम-धाम और भव्यता से मनाया। यह आख़िरी बार था जब इतनी भव्यता से दुर्गापूजा घर पर मनाया गया था। इसकी वजह श्यामा प्रसाद की बड़ी बहन का असमय निधन था। जिसकी चर्चा वह अपने डायरी में किया है। श्यामा प्रसाद लिखते उन्हें अपनी शादी के ठीक बाद देहरादून जाना पड़ा। क्योंकि उनके बड़े भाई वहाँ बीमार पड़जाते हैं। उस साल उनकी माँ की भी दुर्गा पूजा के समय तबीयत ख़राब हो जाती है। उनका परिवार बाहर कहीं नहीं जा पता है। उस साल से घर पर दुर्गापूजा मनाना बन्द ही हो जाता है। वह क्रिसमस की छुट्टियों में अपनी पत्नी सुधा के साथ मधु पुर गये थे। कुछ दिन वहाँ बिताने के बाद उनकी बहन अमला को अचानक बुखार आ जाता है। ताबियत गम्भीर हो जाने के कारण श्यामा प्रसाद परिवार के साथ कलकत्ता जाने के लिए पहली जनवरी को ट्रेन पकड़ते हैं। साथ में एक डॉक्टर भी रहता है। जब ट्रेन आसनसोल के नज़दीक पहुँचती है तो बड़ी बहन कमला की भी तबीयत बिगड़ जाती है। कमला के पेट में तेज़ दर्द होने लगता है। कलकत्ता पहुँचने के बाद असमंजस की स्थिति थी। श्यामा प्रसाद लिखते हैं–

दीदी (कमला) को पहले मन्जिल पर बड़े वाले रूम में लेटाया गया और अगले रूम में बुरा (अमला) को लेटाया गया। दीदी की हालत और ख़राब होने लगी। बहुतों डॉक्टर बुलाये गये लेकिन कमला की स्थिति नहीं सुधरी। 5जनवरी,1923 को श्यामा प्रसाद की बड़ी बहन कमला नहीं रही। उनकी उम्र उस समय महज 28 साल थी। श्यामा प्रसाद अपनी डायरी में लिखा है, "कई डॉक्टर आये, लेकिन कोई भी मदद नहीं कर सका। 5 जनवरी की सुबह सब ख़त्म हो गया था। उसने कहा, 'दरवाजा खोलो, मैं जाना चाहती हूँ।' वह अन्त तक सचेत थी। उसने मेरे पिता के पैर छूकर बोली, 'मैं ने जीवन भर आपको कष्ट दिया है; मैं आपको ख़ुश नहीं रख सकी। ' वह कितनी भयानक रात थी! हमारा जीवन उसके चारों ओर घूमता था। वह हमारे हर काम में शामिल थी। हमारे वयस्क होने के बाद भी हमारे सारा काम वही करती थी। ऐसा करने में उसे आनन्द आता था सब कुछ, विशेषकर हमारे चार भाई-बहनों

के बाद बूरा के बेटे नांटू की वह ऐसे ही देखभाल करती थी जैसे मानो वह उसका अपना बेटा हो। वह बहुत दुर्भाग्यशाली रही थी, वह दो बार विधवा हो गयी थी। वह हमारे पिता की आँखों का तारा थी। उसे एक तरह से परिवार का प्रभार दे दिया गया था ताकि अपने को उपेक्षित महसूस न कर सके। परिवार के सभी कार्यों का प्रबन्धन करती थी। हमारे पिता बिना अपनी रानी माँ से से परामर्श लिए कोई भी महत्त्वपूर्ण काम नहीं करते थे। वह घर की लक्ष्मी थी। यद्यपि यह सच है कि मृत्यु ने उसके सभी दुखों, शून्यता का अन्त कर दिया। उसके निधन से जो क्षति हुई है, उसे हमारे परिवार में कोई भी पूरा नहीं कर सका। उसकी मृत्यु के साथ वह बन्धन भी टूट गया था जिसने पूरे परिवार को एक साथ बाँधा था, जिसे सुधारा नहीं जा सकता था।"

घर की सबसे लाडली सन्तान के मृत्यु के बाद माता जोगमाया देवी और पिता आशुतोष मुकर्जी टूट चुके थे। उस साल दुर्गा पूजा के दौरान माता जोगमाया देवी अपने बड़े बेटे रमाप्रसाद के साथ तीर्थाटन पर गयी। श्यामा प्रसाद लिखते हैं कि पिताजी को अपना दुःख व्यक्त करने की आदत नहीं थी। लेकिन कोई भी उनको देखकर उनके पीड़ा का एहसास कर सकता था। उनका स्वास्थ्य गिरने लगा था। श्यामा प्रसाद ने अपनी बांग्ला में लिखी हुई डायरी में नोट किया है, "कई रातों को, मैं दिन भर की कड़ी मेहनत के बाद भी वह पिता जी को बरामदे में टहलते हुए देखता था। वह दीदी की मौत के गम से उबर नहीं पा रहे थे। पिता जी ने हाई कोर्ट से एक महीने की छुट्टी ले ली और हम सब पुरी चले गये। उस वर्ष मेरी क़ानून की परीक्षाएँ थीं। मैंने पुरी में कुछ दिन बिताए। सुधा मेरे साथ थी। यही वह समय था जब मै और सुधा एक दूसरे को काफ़ी करीब से जाने...हम लम्बी सैर के लिए समुद्र तट पर जाते थे और देर रात तक बातें करते थे। मुझे बाद में एहसास हुआ कि सुधा ने पुरी में ही गर्भ धारण कर लिया था।"

श्यामा प्रसाद मुकर्जी के प्रथम सन्तान पुत्र सन्तु (अनुतोष) का जन्म अप्रैल 1924 में हुआ। अनुतोष आशुतोष मुकर्जी का पहला पोता था। उसे देखकर, वह ख़ुशी से उसे अपनी बाँहों में भर लिया करते थे। श्यामा प्रसाद ने अपनी डायरी में पिता को खो देने के बारे में लिखते हैं कि वह अधिक समय अपने पिता के पास ही रहते थे। उनकी बातों को सुनना श्यामा प्रसाद को अच्छा लगता था। आशुतोष मुकर्जी बहुत सारे मुद्दे पर बातें किया करते थे ख़ासकर अतीत में घटो घटनाएँ होती थी जिसे वह श्यामा प्रसाद को बताया करते थे। पिता और पुत्र बाहर टहलने के लिए साथ जाया करते थे। श्यामा प्रसाद पिता को याद करते हुए लिखते हैं कि वह सपने में भी नहीं सोच सकते थे कि उन्हें इतना जल्दी खो देंगे।

श्यामा प्रसाद को पत्नी सुधा का भी साथ ज़्यादा दिन तक नहीं मिला। ग्यारह

वर्ष साथ बिताना के बाद उनकी पत्नी सुधा ने 1933 में साथ छोड़ दिया। उस समय सुधा की आयु महज 24 साल थी। उनके चार सन्तानों को पालने पोषने की ज़िम्मेवारी श्यामा प्रसाद की भाभी तारा देवी ने बहुत अच्छी तरह निभाई। ऐसे श्यामा प्रसाद मुकर्जी की पाँच सन्ताने थी, लेकिन अन्तिम सन्तान जो उनका सबसे छोटा बेटा था डिप्थीरिया के कारण जन्म के कुछ ही दिन बाद काल के गाल में चला गया। कम उम्र में पत्नी की मृत्यु के बावजूद श्यामा प्रसाद ने दूसरी शादी नहीं की। 4 जनवरी 1946 को डायरी में अपनी पत्नी से सम्बन्धित संस्मरण श्यामा प्रसाद ने लिखा है–

"933 में, जब मेरी पत्नी अचानक मुझे छोड़कर चली गयी, तो मैं एक मुसीबत से गुज़रा भयानक भावनात्मक उथल-पुथल। मैं उसे अपनी आत्मा से प्यार करता था और वह भी मेरी दुनिया के बारे में सोचती थी। मैंने कभी सपने में भी नहीं सोचा था कि वह इतनी जल्दी गुज़र जायेगा। पिछले बारह वर्षों से मुझे अनुभव हुआ कि बच्चों का पालन-पोषण करना कितना कठिन है। उनका पालन पोषण सम्भव नहीं होता यदि बौडी (भाभी) नहीं होती। शायद बच्चे इस ऋण के बारे में अवगत नहीं हैं। सन्तु को छोड़कर सब अपनी माँ को शायद भूल गये हैं। लेकिन कभी-कभी हलकी-हलकी उनको अपनी माँ की याद आती है तो उन्हें इस बात का दु:ख होता है कि उनकी माँ नहीं है। वे मेरी देखभाल करते हैं और मुझसे बहुत प्यार करते हैं। मैं भी अपनी तरफ से हर चीज़ में सर्वोत्तम उनके लिए चाहा है। मैं इनको सुधा के तरफ से उपहार के रूप में देखता हूँ। मैं उसकी यादों की ख़ुशबू को इन बच्चो के मध्यम से ही संजोएं हुए हूँ।"

8 जनवरी 1946 को याद करते हुए श्यामा प्रसाद अपनी पत्नी को याद करते हुए डायरी में लिखते हैं–"मैं उससे बहुत प्यार करता था और उस पर मेरी असीम आस्था थी। जो कुछ भी उसे कहना होता था बिना हिचक मुझ पर बौछार कर देती थी। जिस आनन्द और ख़ुशी से उसके साथ ग्यारह साल मैंने व्यतीत किया था उसे मै शब्दो में नहीं व्यक्त कर सकता हूँ। बाहर की दुनिया से वह बहुत परिचित नहीं थी, और मैं विश्वविद्यालय के मामलों में इतना डूब गया था कि मेरे पास और बहुत कुछ करने के लिए बहुत कम समय हुआ करता था। मैं अभी भी सुधा को खोने के दु:ख से उबर नहीं पाया हूँ, लेकिन इस मामले में मै काफ़ी संयमित हूँ अपने दु:ख को बाहरी दुनिया को नहीं जानने देता हूँ। जिस दिन सन्तू और मैंने उसका अन्तिम संस्कार किया, उसके अगले ही दिन मैं कॉलेज गया, और कोर्ट भीगया , और बाक़ी सारे मीटिंग किये। लेकिन ये कहना ग़लत होगा कि मेरा दिल इस दु:ख से दुखी नहीं हुआ। यह क्षति मुझे शारीरिक के बजाये भावनात्मक रूप से ज़्यादा प्रभावित किया। भावनात्मक रूप से मै इतना आश्रित हो गया हूँ कि जब तक मेरे बगल में खड़ा हो

कर कोई मुझे ढाढस नहीं देता तब तक अपने को मै स्थिर नहीं महसूस करता। मैंने दोबारा शादी करने पर विचार नहीं किया, सिर्फ़ इसलिए नहीं कि मैं सुधा से गहराई से प्यार करता था, बल्कि मै दिल से अपने बच्चे की भलाई के लिए भी सोचता था। यह देखना मेरा कर्तव्य था कि बच्चे अपने जीवन में माँ की कमी को महसूस न करें। अपनी माँ के जगह किसी अजनबी को देखकर न केवल उनकी भावनाएँ आहत होती बल्कि उनके जीवन में जटिलताएँ भी बढती। मुझे कभी भी भौतिक सुखों की लालसा नहीं रही, इसलिए मैं कभी उन्हें याद नहीं किया। लेकिन मुझे एक ऐसे इन्सान की ज़रूरत थी जो मुझे समझे, मेरे भलाई की कामना करे, एक ऐसा इन्सान जो मुझे प्रेरित करे, मुझसे सहानभूति जताए और अन्तरतम भावनाओं का सम्मान करें।"

"बौडी (भाभी) ने मेरे बच्चो को अपने सीने से लगा कर रखा, उन पर अपना स्नेह उड़ेला। बौडी के बिना उनका पालन-पोषण मुश्किल होता। माता के बिना बच्चे अक्सर अत्यधिक संवेदनशील होते हैं, और वे कभी-कभी चीज़ों को गलत समझ लेते हैं। अगर उनकी भावनाओ को ठीक से हैंडल नहीं किया गया हैं तो यह बहुत सारी जटिलताएँ पैदा कर सकता है। मुझे विश्वास है कि मेरे बच्चो को ज़रूर यह अहसास होगा की वह अपनी चाची के कितनी ऋणी हैं। कभी-कभार होने वाली गलत फहमियाँ को छोड़ कर उन्हें पता है कि उनकी चाची ने उनके लिए क्या-क्या किया है। उनका ठीक से पालन-पोषण नहीं हुआ रहता यदि उनकी चाची ने उनका प्यार से देख-भाल और ध्यान नहीं दिया होता। उनकी भूमिका मेरे लिए कम प्रेरणादायक नहीं है। बौडी ने मेरे मन को समझा और एहसास किया कि मै कितने दुःख से पीड़ित हूँ जिसे मैंने कभी व्यक्त नहीं किया। वास्तव में वह बौडी ही थी जो मुझे इस दुःख से बाहर निकाली।

पत्नी सुधा की मृत्यु के बाद श्यामा प्रसाद की माँ योगमाया ने बच्चों की देखभाल के लिए उन्हें दुबारा शादी करने का आग्रह किया, तो उन्होंने मना कर दिया। श्यामा प्रसाद ने कहा कि एक सौतेली माँ बच्चो का अच्छी तरह से नहीं देखभाल कर सकती है। तब उनके बड़े भाई की पत्नी स्वेच्छा से बच्चों की देखभाल की ज़िम्मेवारी लेने के लिए तैयार हो गयी। तब से तारा देवी से पूछा जाता था कि उनके कितने बच्चे हैं तो वे हमेशा जवाब दिया करती थी कि उनके आठ बच्चे हैं[1]। श्यामा प्रसाद ने अपनी डायरी में भी तारा देवी के स्वेच्छा से बच्चों की ज़िम्मेवारी सँभालने बात को लिखा है। वे अपने डायरी में इस संस्मरण का उल्लेख करते हुए लिखते हैं–

"जब बौडी हमारे घर शादी करके 1920 में आई वह महज ग्यारह साल की थी। मैं ही अपने पिता जी के साथ सुधान्तो बाबू के घर पर बौडी को शादी से पहले देखने के लिए गया था। मैं शुरू से चाहता था वह मेरे बड़े भाई की पत्नी बने। मैंने अपने

पिता को अपनी इच्छा बतायी। सुधा के जाने के बाद हम सब लोगों अपना दु:ख-सुख मिलकर साझा किया। बौडी और मै कभी-कभी छोटी छोटी बातों पर बच्चो की तरह उलझ जाते थे, लेकिन तुरन्त ही ठीक भी हो जाते थे। इन चीज़ो को लेकर कभी मन में हम लोगों के कड़वाहट नहीं होता था। इन सबके बारे में सोचकर यह अब बचकाना लगता है कि हम ऐसी छोटी-छोटी बातों पर उलझ जाया करते थे। जब त्रासदी हुई, तो उसने स्वेच्छा से मेरे बच्चों की ज़िम्मेदारी ली। वह भयावह रात जब मेरी पाँच साल की बेटी हसू अपनी माँ के शव के पास रो रही थी और अपनी चाची से चिपक कर ज़ोर ज़ोर से रोने लगी थी, कहने लगी 'चलो घर चलें', चाची। सुधा के मृत्यु के कुछ ही दिन बाद जब सन्तु को टाइफाइड का दौरा पड़ा, मैं और बौडी एक दूसरे को अच्छी तरह जाने। इससे पहले वह चुपचाप अपना काम करती रहती थीं और वास्तव में मुझसे कभी ज़्यादा बात नहीं की। जब सन्तू की हालत गम्भीर हो गयी, तो उसने उसे एक माँ की तरह देखभाल की, प्रेम दिया। काफ़ी आश्चर्यजनक रूप से, सन्तू मौत के मुँह से वापस आ गया और पहले की तरह ठीक हो गया। तब से कुछ वर्षो में बौडी ने जो दुर्लभ स्नेह बरसाया है उससे मुझे काफ़ी ताक़त मिली है।"

श्यामा प्रसाद की तरह अपनों को असमय खोने का दर्द रबिन्द्रनाथ टैगोर ने भी झेला था। रबिन्द्र नाथ ने भी अपनी भाभी कादम्बरी, पत्नी मृणालिनी, दो बेटियों माधुरी लता और रेणुका और सबसे छोटा बेटा शामी को खोया था। श्यामा प्रसाद की पत्नी सुधा की मृत्यु पर श्यामा प्रसाद को लिखे शोक सन्देश में टैगोर ने लिखा–"मैं जानता हूँ कि तुम्हारा मन बहुत मज़बूत है और वक़्त गुज़रने के साथ इस शोक से भी पार पा लोगे। मृत्यु ही जीवन का अन्तिम और परम अनुभव है। मैं प्रार्थना करता हूँ कि तुम परित्याग का वह सन्देश प्राप्त करो, जो इस संसार के बीच पुल की तरह काम करता है[2]।"

त्रिपुरा के पूर्व गवर्नर और लेखक तथागत रॉय ने डॉ. श्यामा प्रसाद मुकर्जी की सबसे बड़ी बेटी सविता बनर्जी का 24 अप्रैल 2010 को पुणे के गोरेगाँव उनके आवास पर जाकर साक्षात्कार लिया था। उस साक्षात्कार में सावित ने बताया था कि श्यामा प्रसाद मुकर्जी कैसे पिता थे। बतौर तथागत रॉय, सवित ने बताया कि उसे यह याद नहीं है कि उनके पिता उन्हें कभी पिटा हो या उनपर चिल्लाये हों। जबकि सविता एक चंचल लड़की थी। अपने भाइयों के साथ क्रिकेट खेला करती थी। उनके पिता बच्चो से कहा करते थे कि गलती को वे छिपायें नहीं, उन्हें बताया करे। श्यामा प्रसाद का राजनितिक सामाजिक जीवन होने के कारण वह बहुत व्यस्त रहते थे। उसी में से थोड़े समय बच्चो के लिए निकला करते थे। सविता बनर्जी ने तथागत रॉय को जानकारी दी कि उनके पिता अक्सर माँ के बारे में बताया करते थे कि वे कैसी

थी। चूँकी सविता पाँच साल की थी और उनके भाई बहन काफ़ी छोटे थे तो माँ के बारे में उनकी बस धुँधली यादें हैं। तथागत रॉय ने सविता के विवाह का ज़िक्र करते हुए बताते हैं कि जब सविता की विदाई हुई थी सविता के साथ श्यामा प्रसाद ने फूट फूट कर रोया था। सामान्यता देखा जाता है कि बेटी की विदाई के समय पुरुष अपने इमोशन को छुपाने में सफल रहते हैं। लेकिन ऐसा श्यामा प्रसाद के साथ नहीं हुआ। वह बेटी की विदाई देखकर अपने को रोक नहीं पाये। उनके आँखों से आँसू की धारा फूट पड़ी।

श्यामा प्रसाद एक बार अपनी पत्नी को याद करते हुए अपनी डायरी में ईश्वर के प्रति वह अपनी धारणा को स्पष्ट करते हैं। वे कहते हैं कि मेरी सबसे बड़ी दुर्बलताओं में एक है कि मैंने खुलेआम ईश्वर की प्रार्थना करना नहीं सीख पाया। उनकी ईश्वर में अटूट आस्था थी। लेकिन वे लिखते हैं कि वे नहीं जानते की वह कौन है और किस अवतार में उसकी उपस्थिति है। और ये बात वे जानना भी नहीं चाहते थे। लेकिन वह सृष्टि को रचता है तो विनाश भी वही करता है। उनका कहना है लोगों को सिर्फ़ दुःख में इश्वर को नहीं पुकारना चाहिए सुख में भी उस परमपिता परमेश्वर को पुकारते रहना चाहिए। वे लिखते हैं कि उन्होंने इस संसार की व्यर्थता को अनुभव किया है, फिर भी हम छोटी-छोटी चीज़ों को लेकर झगड़ते रहते हैं। पृथ्वी पर इन्सान के जीवन को श्यामा प्रसाद ट्रांजिट में यात्री की तरह बताते हैं। वह प्रश्न करते हैं की हमारे और पशु में क्या अन्तर है। हम भी मनुष्य जीवन के थोड़े समय को वासना और लालच में बिताते है तो? यदि इन्सान के पास आत्मा है और वह भगवान् को पहचान सकता है तो उसे क्यों ना सभी चीज़ें भुलाकर इश्वर को पाने में लगा देना चाहिए।

समाप्ति नोट

1. रॉयतथागत (2015), अप्रतिम नायक डॉ. श्यामा प्रसाद मुकर्जी, पृष्ठ संख्या 48.
2. वही

एक शिक्षाविद् के रूप में

डॉ. श्यामा प्रसाद मुकर्जी ने अपना करियर एक शिक्षाविद और वकील के रूप में चुना था। वह जब 1927 में बार की पढ़ाई करके इंग्लैंड से लौटे तो उन्होंने कुछ समय तक कलकत्ता उच्च न्यायालय में प्रैक्टिस करना शुरू किया। लेकिन विश्विद्यालय के कार्य में पहले से ही इतना व्यस्त थे कि एक साथ दोनों कार्य में सन्तुलन बनाना मुश्किल था। ऐसी स्थिति में श्यामा प्रसाद ने शिक्षा के कार्य को ही चुना। ऐसा कहा जाता है कि मुकर्जी का इंग्लैंड से बार की पढ़ाई करना मकसद नहीं था, बल्कि वहाँ के शैक्षिक संस्थान का अवलोकन करना था ताकि भारत लौटने पर कलकत्ता विश्विद्यालय को और बेहतर बनाया जा सके। इंग्लैंड में रहते हुए श्यामा प्रसाद फ्रेंच विश्विद्यालय को देखने-समझने के लिए पेरिस भी गये। अपनी डायरी में किसी प्रसंग का उल्लेख करते हुए उन्होंने लिखा है कि अपने वकालत के पेशे की उपेक्षा के कारण शायद ऐसा इसलिए हुआ क्योंकि उन्होंने वकालत के पेशे को बहुत ज़्यादा पसन्द नहीं किया। ऐसा भी कहा जाता है कि डॉ. आशुतोष मुकर्जी ने अपने बड़े बेटे को वकालत के लिए तैयार किया था और दूसरे श्यामा प्रसाद को शैक्षिणिक क्षेत्र में कार्य करने के लिए तैयार किया था। इंग्लैंड में पढ़ाई करते हुए भी 1926 के कॉमनवेल्थ के विश्वविद्यालयों के सम्मलेन में उन्होंने कलकत्ता विश्वविद्यालय का प्रतिनिधित्व किया। इंग्लैंड से लौटने पर श्यामा प्रसाद मुकर्जी कलकत्ता विश्वविद्यालय के सिंडिकेट के सदस्य के रूप में चुने गये थे। कम उम्र में शैक्षिणिक क्षेत्र में उनके कार्य और लगन को देखते हुए भारतीय वैज्ञानिक डा. प्रफुल्लचन्द्र राय, जिन्हें 'भारतीय केमिस्ट्री का पिता' भी कहा जाता है, पत्र के माध्यम उनके कार्यों की सराहना करते हुए उनको 'बाप का बेटा' कहा था। कलकत्ता विश्विद्यालय के विस्तार और विकास में श्यामा प्रसाद के पिता सर आशुतोष मुकर्जी का काफ़ी योगदान था। एक साक्षात्कार में श्यामा प्रसाद

मुकर्जी के भतीजे और सर आशुतोष के पोते अमिताभ चटर्जी ने बताया है कि सर आशुतोष मुकर्जी लगातार चार कार्यकाल तक कुलपति रहे। वह अपने कार्यकाल में किसी तरह का अंग्रेज़ी शासन के साथ विवाद से बचते रहे और साथ ही उन्होंने विश्विद्यालय की स्वतन्त्रता को बनाए रखा। उनका मकसद था कि किसी भी तरह इस शैक्षणिक व्यवस्था का फायदा अधिक से अधिक भारतीयों को शिक्षित करने में दिया जाये। उनका मकसद था जो ऑक्सफ़ोर्ड और कैंब्रिज के बराबर की शिक्षा कलकत्ता विश्विद्यालय में दी जाये। लेकिन सबसे बड़ा प्रश्न यह था इसके लिए पैसा कहा से लाया जाये? उन्होंने एक योजना बनायी और उसके तहत पोस्ट-ग्रेजुएट को प्रोफ़ेसर के रूप में योगदान देने के लिए आमन्त्रित किया। उन्होंने मेघनाद शाह, जे.सी घोष, सीवी रमण जैसे लोगों को प्रोफ़ेसर के रूप में नियुक्त किया। सर आशुतोष मुकर्जी के कार्यकाल में नये-नये विभाग विश्वविद्यालय में खोले गये। आशुतोष मुकर्जी ने महसूस किया कि जब तक मानवशास्त्र की पढ़ाई विश्वविद्यालय में नहीं होगी तब तक हम अपने अतीत के बारे में नहीं जान पायेंगे। उनके प्रयास के कारण मानवशास्त्र (Anthropology) विभाग खोला गया। उन्होंने तिब्बत और पाली भाषा की पढ़ाई शुरू करवाई। बिना इस भाषा को जाने भारत के रिश्ते सुदूर पूर्व और तिब्बत से नहीं समझे जा सकते। सर आशुतोष ने लगभग सभी भारतीय भाषाओं की पढ़ाई कलकत्ता विश्विद्यालय में शुरू करवाई। क्योंकि उनका मानना था कि भारतीयों को जोड़कर रखने में धर्म से ज़्यादा भाषा महत्त्वपूर्ण है। आशुतोष मुकर्जी के मृत्यु के बाद श्यामा प्रसाद ने कम उम्र में ही यूनिवर्सिटी को सेवा देने लगे। शिक्षा क्षेत्र में उनकी दिलचस्पी को देखते हुए पण्डित मदन मोहन मालवीय भी उनसे स्नेह करते थे। बतौर अमिताभ चटर्जी मालवीय जी चाहते थे कि श्यामा प्रसाद को बनारस हिन्दू विश्वविद्यालय का कुलपति बनाया जाये।

अमिताभ चटर्जी एक घटना का उल्लेख करते हैं जिससे पता चलता है कि सर आशुतोष की नज़र में उस समय भारतीयों के लिए शिक्षा का मायने क्या था। देशबन्धु चितरन्जन दास शिक्षा के क्षेत्र में बंगाल में असहयोग आन्दोलन शुरू किया था। उन्होंने विद्यार्थियों को विश्वविद्यालय नहीं जाने का अपील की। सर आशुतोष इस अपील का विरोध किया। आशुतोष मुकर्जी का मानना था कि आप एक क्रान्तिकारी हो सकते हैं लेकिन इसमें कोई हानि नहीं है यदि आप शिक्षित क्रान्तिकारी होते हैं तो। उनकी धारणा थी कि जब तक आप शिक्षित नहीं होंगे तो आप देश को योग्य नेतृत्व नहीं प्रदान कर सकते। चितरन्जन दास और आशुतोष मुकर्जी एक दूसरे के विचारों का आदर करते थे।

जैसा कि श्यामा प्रसाद अपने विद्यार्थी जीवन से ही पिता आशुतोष मुकर्जी के विश्वविद्यालय सम्बन्धित कार्यों में मदद करते थे इसलिए विश्विद्यालय सम्बन्धी कार्यों की जानकारी उन्हें एक तरह से विरासत में ही मिली थी। उन्हें अलग से किसी तरह के आधारभूत प्रशिक्षण की ज़रूरत नहीं थी। अकादमी जगत में कार्य करना उनकी रुचि का भी विषय था। इसलिए अपने करियर के शुरुआती पन्द्रह वर्ष उन्होंने कलकत्ता विश्विद्यालय को पूरे समर्पण के साथ दिया। उसके बाद ऐसी परिस्थितियाँ आयीं जो उन्हें शिक्षा क्षेत्र के आलावा राजनीतिक क्षेत्र की ओर ले गयी। जब श्यामा प्रसाद सिंडिकेट के सदस्य चुने गये तो उस समय उनकी उम्र महज 23 वर्ष थी। सिंडिकेट कुलपति को विश्वविद्यालय के संचालन में मदद करता है और यह सीनेट के प्रति ज़िम्मेवार होता है। बंगाल विधान परिषद में उन्होंने कांग्रेस के उम्मीदवार के रूप में कलकत्ता विश्वविद्यालय का प्रतिनिधित्व किया। वर्ष 1930 में जब कांग्रेस ने विधानमण्डलों का बहिष्कार करने का निर्णय लिया, तो उन्होंने विधान परिषद से अपना इस्तीफ़ा दे दिया; लेकिन जल्दी ही वे एक स्वतन्त्र उम्मीदवार के रूप में विधान परिषद में फिर से चुने गये।

श्यामा प्रसाद विश्विद्यालय के कला और विज्ञान में स्नातकोत्तर परिषदों के अध्यक्ष, कला संकाय के डीन, अन्तर-विश्वविद्यालय बोर्ड के सदस्य और अध्यक्ष भी रहे। लेकिन जब बंगाल का गवर्नर सर जॉन एंडरसन ने इन्हें 1934 में कलकत्ता विश्विद्यालय का कुलपति नियुक्त किया, तब इन्हें मुख्य रूप से शिक्षा के क्षेत्र में कार्य करने का असली अवसर मिला। इन्हें लगातार दो कार्यकाल (1934–1938) कुलपति के रूप में मिला। जब इनकी कुलपति के रूप में नियुक्ति हुयी तो इनकी उम्र 33 साल थी। उस समय के सबसे कम उम्र के कुलपति होने का इनको सौभाग्य मिला। श्यामा प्रसाद शुरू से ही मैकाले शिक्षा पद्धति के आलोचक रहे थे। इस शिक्षा पद्धति का लक्ष्य एक द्विभाषीय वर्ग तैयार करना था जो भारत पर शासन करने में सहायता कर सके। उनका मानना था कि हम अपनी शैक्षिक संस्थाओं में ऐसा नेतृत्व तैयार करें जो भारत को प्रत्येक क्षेत्र जैसे ज्ञान, विज्ञान, शासन आदि में नेतृत्व प्रदान करने में सक्षम हो।

श्यामा प्रसाद के नेतृत्व में पोस्ट-ग्रेजुएट डिपार्टमेंट और बड़ा हो गया। विज्ञान और कला में और विभागों की शुरुआत हुई। एक बड़ा पुस्तकालय और न्यूजरूम बनवाया गया। श्यामा प्रसाद ने कलकत्ता विश्वविद्यालय के स्थापना दिवस के अवसर पर विश्वविद्यालय का वार्षिकोत्सव शुरू करवाया जो पहले नहीं होता था। इसकी चर्चा उन्होंने अपनी डायरी में की है। यह उत्सव 1935, 1936 तथा 1937 तक निर्बाध रूप से मनाया गया। श्यामा प्रसाद चाहते थे कि उनके कुलपति नहीं

रहने पर भी यह वार्षिकोत्सव निरन्तर रूप से जारी रहे। बतौर तथागत रॉय श्यामा प्रसाद ने विश्वविद्यालय के प्रतीक चिन्ह को भी बदला। इसको लेकर विवाद भी हुए। यह विवाद 1937 के दीक्षांत सामारोह से जुड़ा है, जिसमें रविन्द्र नाथ टैगोर ने बंगाली में भाषण दिया। शायद यह कलकत्ता विश्वविद्यालय के इतिहास में पहली बार था अंग्रेज़ी के जगह दीक्षांत समारोह में भारतीय भाषा में मुख्य अतिथि ने सामारोह को सम्बोधित किया। विश्वविद्यालय का सबसे पहले प्रतीक चिन्ह ब्रिटिश इंडिया की मुहर होती थी। उसके बाद तीन हाथियों द्वारा पकड़ी गयी एक पुस्तक होती थी। जिसके परिधि में स्लोगन लिखा होता था 'एडवांसमेंट ऑफ़ लर्निंग'। रॉय लिखते हैं कि श्यामा प्रसाद ने इसे पूरी तरह बदल दिया। और उसके स्थान पर एक पूर्ण खिलते हुए कमल को प्रतीक चिन्ह बनवाया, जिसके बीच में बंगाली में 'श्री' लिखा होता था। बंगाल के मुस्लिम समुदाय ने इस पर ऐतराज जताया। उन्होंने कहा कि 'श्री' और 'कमल' दोनों हिन्दू प्रतीक हैं। इससे मूर्ति पूजा की गन्ध आती है। इस वार्षिकोत्सव को रविन्द्र नाथ टैगोर ने सम्बोधित किया। इस समारोह का मुस्लिम छात्रों ने बहिष्कार किया। कोई मुस्लिम मन्त्री इस समारोह में शामिल नहीं हुआ। श्यामा प्रसाद को अन्ततः प्रतीक चिन्ह में फेरबदल करना पड़ा। उन्होंने 'श्री' हटवा दिया। उसकी जगह 'सूर्य' और 'कमल की कली' को रखा और स्लोगन को एडवांसमेंट ऑफ़ लर्निंग ही रखा। बाद में इसमें भी कुछ परिवर्तन किये गये।

कुलपति रहते हुए श्यामा प्रसाद ने विश्वविद्यालय के लिए बहुत से उल्लेखनीय कार्य किये। चूँकि भारत एक गुलाम देश था और वह गुलाम देश के कुलपति थे इसलिए कोई भी निर्णय और कार्य करना आसान नहीं था। फिर भी सीमित अधिकार और सीमित संसाधन में विश्विद्यालय में बहुत से परिवर्तन किये। 'आशुतोष म्यूजियम' की स्थापना, महिलाओं के लिए 'होम साइंस' के पाठ्यक्रम की शुरुआत, कलकत्ता विश्वविद्यालय में इंस्टिट्यूट ऑफ़ सोशल वेलफेयर एंड बिज़नस मैनेजमेंट की स्थापना की।

श्यामा प्रसाद ने भारतीय भाषाओं को विश्वविद्यालय के पाठ्यक्रम में शामिल करने के लिए प्रोत्साहित किया। इन्होंने मैट्रिकुलेशन तक पढ़ाई का माध्यम बंगाली भाषा को बनाया और स्नातक (प्रतिष्ठा) में हिन्दी, उर्दू और बंगाली विषय की शुरुआत कराई। बंगाली भाषा में टेक्स्टबुक उपलब्ध हो इसके लिए उन्होंने प्रत्येक विषय के तकनीकी शब्दावली का बंगला भाषा में रूपान्तरण करवाया। इसके लिए भाषा और विषय के जानकार व्यक्तियों की समितियाँ बनायीं जिन्होंने इस कार्य को पूरा किया। इसमें रविन्द्रनाथ टैगोर और बांग्ला भाषा के प्रख्यात साहित्यकार और रसायन वैज्ञानिक राजशेख़र बोस जैसे लोगों की सहायता ली गयी। बंगाली साहित्य

के समृद्धि और विकास के लिए श्यामा प्रसाद के नेतृत्व में विश्विद्यालय ने बंगाली भाषा में ज्ञान के सभी शाखाओं पर विशेषांक प्रकाशित किया गया। बंगाली वर्तनी के भी मानकीकरण का प्रयास किया गया। श्यामा प्रसाद उच्च माध्यमिक तक की शिक्षा मातृभाषा में देने के पक्षधर थे। उनका विचार था कि प्रारम्भिक शिक्षा की व्यवस्था सभी के लिए मुफ्त होनी चाहिए। उच्च शिक्षा उन्ही को मुफ्त देनी चाहिए जो इसके लायक हों। उन्हें उच्चशिक्षा मुफ्त नहीं देनी चाहिए जो इसका खर्च वहन करने सक्षम हों। जो साधारण विद्यार्थी हैं, उन्हें आधारभूत शिक्षा के बाद तकनीकी शिक्षण और प्रशिक्षण ज़रूर दिया जाना चाहिए।

परीक्षा प्रणाली को बेहतर बनाने का भी डॉ श्यामा प्रसाद मुकर्जी ने प्रयास किया। उन्होंने कम्पार्टमेंटल परीक्षा शुरू करवाई ताकि विद्यार्थी का समय बच सके। हमारा देश शुरू से कृषि प्रधान देश रहा है। अंग्रेज़ी शासन के दौरान कृषि के विकास के लिए कुछ किया नहीं गया, अंग्रेज़ उन्हीं सेक्टर को सुविधा देते थे जो उनके व्यापार से सीधा जुड़ा हो। इसलिए किसान और किसानी के उत्थान के लिए कुछ ख़ास नहीं किया गया। श्यामा प्रसाद एक कुलपति की हैसियत से जो कुछ इस दिशा में कर सकते थे उन्होंने किया। ब्रिटिश हुकूमत से बिना किसी प्रोत्साहन के उन्होंने कृषि शिक्षा के लिए योजना बनायीं और कृषि विज्ञान में डिप्लोमा पाठ्यक्रम शुरू किया। पहली बार इनके कार्यकाल में कॉलेज कोड का निर्माण किया गया। मैट्रिकुलेशन रेगुलेशन बनाए गये और विद्यार्थियों के लिए मैट्रिक परीक्षा में बैठने की उम्र मे पाबन्दी को ख़त्म किया गया। श्यामा प्रसाद ने छात्रों के देखभाल के लिए छात्र कल्याण बोर्ड की स्थापना, यूनिर्वसिटी नौकायन क्लब, एथलिटिक क्लब और ज़िमनेजियन की स्थापना की। भूगोल को मैट्रिक से मास्टर डिग्री तक एक विषय के रूप में कलकत्ता विश्विद्यालय में शुरू करने का श्रेय श्यामा प्रसाद को दिया जाता है। इन्होने ही बांग्ला भाषा में पीएचडी शोध की अनुमति दी। श्यामा प्रसाद कुलपति होने से पूर्व भी विश्विद्यालय के अकादमिक संस्कृति को समृद्ध बनाने इन्होंने बहुत प्रयास किये। इसी सन्दर्भ में रविन्द्र नाथ टैगोर से सम्बन्धित एक घटना है। जैसा कि श्यामा प्रसाद के पिता सर आशुतोष मुकर्जी कुलपति रहते हुए उन्होंने बहुत से देश-विदेश के विद्वानों को विश्वविद्यालयों में व्याख्यान के लिए आमन्त्रित किया। जिसमें वे रविन्द्रनाथ टैगोर से सलाह लिया करते थे। कई बार टैगोर ख़ुद विद्वानों के नामों की अनुशंसा करते थे। सर आशुतोष मुकर्जी के बाद इस कार्य में शिथिलता आ गयी थी। जब श्यामा प्रसाद सीनेट में थोड़ा प्रभावी हुए तो उन्होंने विद्वानों को व्याख्यान के आमन्त्रित करना शुरू करवाया। इसी सन्दर्भ में 1932 में श्यामा प्रसाद ने विश्विद्यालय और रविन्द्र नाथ टैगोर के बीच तालमेल को और प्रगाढ़ करने के

लिए सीनेट से एक प्रस्ताव पारित करवाया। इस प्रस्ताव के तहत स्नाकोत्तर स्तर पर बंगला और साहित्य के व्याख्यान देने और सलाह लेने के लिए रविन्द्रनाथ टैगोर को आमन्त्रित किया जाना था तथा इसके लिए उन्हें प्रोफ़ेसर का दर्जा दिया जाना था। लेकिन उनके इस दर्जे पर विश्विद्यालय के सामान्य नियम नहीं लागू होते थे। कुछ लोग जो साहित्य संगठन से जुड़े थे, ये नहीं चाहते थे कि ऐसा हो। उन लोगों ने रविन्द्रनाथ टैगोर को समझा दिया की ये उनके गरिमा के ख़िलाफ़ है। लेकिन जब श्यामा प्रसाद ने जब अपने तर्क दिए तो रविन्द्र नाथ टैगोर ने स्वीकार कर लिया। ये घटना दर्शाती है कि रविन्द्र नाथ ने कई लोगों के बातों को अस्वीकार कर 31 साल के युवा पर विश्वास जताया। उस समय रविन्द्रनाथ टैगोर अन्तरराष्ट्रीय स्तर पर साहित्य जगत के बहुत बड़े नाम हो चुके थे। साथ शिक्षा क्षेत्र के बहुत बड़े चिन्तक भी थे। ख़ुद विश्वभारती जैसी संस्था का संचालन कर रहे थे। अपनी रचना गीतांजलि के लिए नोबेल पुरस्कार से भी सम्मानित हो चुके थे।

जब श्यामा प्रसाद उपकुलपति बने तो रविन्द्र नाथ टैगोर को 1936 में वार्षिक दीक्षांत समारोह को सम्बोधित करने के लिए निमन्त्रण दिया। यह पहली बार था दीक्षांत समारोह को समबोधित करने के लिए बहार से अतिथि को बुलाया जा रहा था। हालाँकि, अच्छा स्वास्थ्य नहीं रहने के कारण इस आमन्त्रण को टैगोर स्वीकार नहीं कर सके। अगले वर्ष होने वाले दीक्षांत समारोह के लिए गुरुदेव रविन्द्र नाथ टैगोर को पुन: श्यामा प्रसाद ने आमन्त्रण दिया। रविन्द्र नाथ टैगोर ने आमन्त्रण पत्र का जवाब देते हुए दीक्षांत समारोह में आने की शर्त रखी। जवाब में लिखा तुम बाहरी को दीक्षांत समारोह के सम्बोधन के लिए आमन्त्रित कर परम्परा को तोड़ रहे हो। इसलिए एक और परम्परा को तोड़ने का इजाजत दो। तुम जानते हो कि मेरी इच्छा है कि हमारी भाषा विश्वविद्यालय शिक्षा का माध्यम बने। यदि तुम मुझे दीक्षांत समारोह को बांग्ला भाषा में सम्बोधन करने का अनुमति दे कर परम्परा को तोड़ते हो तो मै आऊँगा। इस तरह वह पहला दीक्षांत समारोह था विश्विद्यालय की जिसमें अंग्रेज़ी के बजाये बांग्ला में सम्बोधित किया गया। उस दीक्षांत समारोह में विश्विद्यालय के कुलाधिपति व बंगाल के गवर्नर सर जॉन एंडरसन भी मौजूद थे।

चूँकि श्यामा प्रसाद मुकर्जी कलकत्ता विश्विद्यालय निर्वाचन क्षेत्र से विधान सभा के सदस्य निर्वाचित हुए थे। इसलिए प्राय: सदन में शिक्षा और विश्विद्यालय से सम्बन्धित मुद्दों पर बहस में भाग लेते थे। एक बार उन्होंने टेक्स्ट बुक में धार्मिक भावनाओं को आहात करने भागों को मुस्लिम लीग समर्थित फजलुल हक़ सरकार से उन भागों को हटाने की माँग की। टेक्स्ट बुक में बच्चों को पढ़ाया जाता था मूर्ति पूजा पाप है। इस तरह के चीज़ों को लेकर श्यामा प्रसाद ने कहा कि हो सकता

है यह मुस्लिम बच्चों के लिए ठीक हो लेकिन हिन्दू बच्चों को इस तरह से पढ़ाना ठीक नहीं है। उन्होंने कहा कि यह देख कर हतप्रभ हो गया कि मुस्लिम बच्चों के साथ-साथ हिन्दू बच्चों को भी टेक्स्ट बुक में पढ़ाया जा रहा है कि बीफ बहुत ही स्वादिष्ट होता है। तत्कालीन मुख्यमन्त्री फजलूल हक के पास शिक्षा मन्त्रायल भी था। श्यामा प्रसाद ने मुख्यमन्त्री से कहा कि मै आपको मुस्लिम समुदाय के प्रतिनिधि के रूप में नहीं बल्कि बंगाल प्रान्त के शिक्षा मन्त्री के रूप में आग्रह करता हूँ इस तरह का शिक्षा लेने के लिए हिन्दू छात्र-छात्राओं को विवश नहीं किया जाये। इसे जितना जल्दी हो इस तरह की चीज़ों को हटाया जाना चाहिए। और ऐसा एक सामान पाठ्यक्रम बनाया जाना चाहिए जो सबके लिए हो।

श्यामा प्रसाद विश्विद्यालय के कार्यों के आलावा एशियाटिक सोसाइटी में भी सक्रिय थे। इसकी स्थापना ओरिएंटल रिसर्च (भारत और आसपास के क्षेत्रों में शोध) को आगे बढ़ाने के लिए की गयी थी। एशियाटिक सोसाइटी की मुख्य गतिविधियों में से एक भारत की पुरानी पांडुलिपियों को एकत्र करना था। सोसायटी के पास संस्कृत पांडुलिपियों का एक विशाल संग्रह था। वर्तमान समय में एशियाटिक सोसाइटी के पुस्तकालय में दुनिया की लगभग सभी प्रमुख भाषाओं में छपी लगभग 117,000 पुस्तकों और 79,000 पत्रिकाओं का संग्रह है। इसके आलावा इंडियन इंस्टिट्यूट ऑफ़ साइंस, बंगलोर के कोर्ट के सदस्य रहे तथा अन्तर-विश्वविद्यालय बोर्ड के अध्यक्ष भी थे। जब सी. वी. रमण ने इंडियन इंस्टिट्यूट ऑफ़ साइंस के निर्देशक पद को छोड़ा तो जे.सी घोष को निर्देशक बनवाने में श्यामा प्रसाद का अहम् योगदान थे। जे. सी. घोष एक दशक तक इस पद पर रहे। सी.वी. रमण के बारे में कहा जाता है कि वह जितने महान भौतिक वैज्ञानिक थे उतने महान प्रशासक नहीं थे। इसलिए वह निर्देशक के पद जल्दी ही छोड़ दिया।

कुलपति का पद 1938 में छोड़ने के बाद श्यामा प्रसाद को कलकत्ता विश्विद्यालय ने मानद डॉक्टरेट की उपाधि से सम्मानित किया। इसके बाद से समाजिक-राजनितिक क्षेत्र में लोग डॉ. मुकर्जी के नाम से सम्बोधन करने लगे। 1938 के बाद भी श्यामा प्रसाद सिंडिकेट के एक मत्वपूर्ण सदस्य के रूप में विश्विद्यालय के कार्यों में सक्रिय रहे। उनकी सक्रियत 1947 तक कलकत्ता विश्विद्यालय को पोस्ट ग्रेजुएट काउंसिल ऑफ़ आर्ट के सदस्य के रूप में जारी रही। इसके बाद डॉ. मुकर्जी राष्ट्रीय राजनीति में अपनी सक्रियता बढा दी।

राजनीतिक यात्रा

सन 1929 में जब श्यामा प्रसाद की उम्र मात्र 28 साल थी, वह कलकत्ता विश्विद्यालय निर्वाचन क्षेत्र से भारतीय राष्ट्रीय कांग्रेस के उम्मीदवार के रूप में विधान परिषद् में निर्वाचित हुए। प्रारम्भ में डॉ श्यामा प्रसाद मुकर्जी ने बंगाल विधान परिषद् के सदस्य के रूप में कलकत्ता विश्विद्यालय के हितों के प्रहरी और उसकी समस्यायों को सदन के सामने रखने के लिए प्रवेश किया था। इनसे से पहले इनके बड़े भाई रामा प्रसाद कलकत्ता महानगरपालिका में भारतीय राष्ट्रीय कांग्रेस से सभासद थे। जब रमा प्रसाद सभासद चुने गये थे, उसी समय देशबन्धु चितरन्जन दास कलकत्ता (अब कोलकत्ता) के महापौर चुने गये थे। उन्होंने सुभाष चन्द्र बोस को महापालिका का प्रमुख कार्यकारी अधिकारी बनाया था। इस तरह कलकता महापालिका उस समय राजनीति का बड़ा अखाड़ा हुआ करता था जिससे निकलकर चितरन्जन दास, सुभाष चन्द्र बोस जैसे लोगों ने देश के स्वतन्त्रता आन्दोलन को नेतृत्व प्रदान किया।

रमा प्रसाद और श्यामा प्रसाद के पहले इनके पिता सर आशुतोष मुकर्जी राजनीति में आने के इच्छुक थे। श्यामा प्रसाद के भतीजे अमिताभ चटर्जी के अनुसार सर आशुतोष शायद कुछ दिन और ज़िन्दा होते तो उस समय के राष्ट्रीय राजनीति में उनकी बड़ी भूमिका होती। लेकिन उनके असमय निधन ने ऐसा नहीं होने दिया। ऐसे देखा जाये तो श्यामा प्रसाद के पहले उनके परिवार से राजनीति में कोई बड़ा चेहरा नहीं था। रमा प्रसाद स्थानीय निकाय चुनाव तक ही सीमित थे।

हालाँकि पहला विधान परिषद का चुनाव श्यामा प्रसाद ने कांग्रेस उम्मीदवार के रूप में जीता था। 1930 में कांग्रेस ने विधानपरिषद के बहिष्कार का आहवान किया। श्यामा प्रसाद शुरू में पार्टी के आहवान पर विधानपरिषद का बहिष्कार करने के लिए सोचा। लेकिन उनको लगता था कि कलकत्ता विश्विद्यालय के हितों की रक्षा के लिए परिषद में रहना ज़रूरी है। श्यामा प्रसाद पार्टी के एक अनुशासित और

सिद्धान्तवादी नेता थे। इसलिए पार्टी में रहते पार्टी के निर्णय की अवहेलना उनके लिय उचित नहीं था। इसलिए उन्होंने विधानपरिषद से त्याग-पत्र देना उचित समझा और फिर निर्दलीय उम्मीदवार के रूप में विश्वविद्यालय निर्वाचन क्षेत्र से 1930 में पुनः चुन कर विधान परिषद में आये।

श्यमा प्रसाद मुकर्जी बहुत ही प्रभावशाली वक़्ता थे। विधान परिषद में उनके भाषण तथ्यों पर आधारित होते थे। श्यामा प्रसाद जन राजनीति, जिसे अंग्रेज़ी में मास पॉलिटिक्स कहते है अर्थात जनांदोलन जैसे राजनीति के साथ सहज नहीं थे। स्वराजियों की तरह विधायी सदन में प्रवेश कर संवैधानिक तरीक़े से देश समाज में परिवर्तन लाना चाहते थे। 1932 में श्यामा प्रसाद ने सुभाष चन्द्र बोस और जतीन्द्र मोहन गुप्ता के गीरते स्वास्थ्य को ध्यान में लाने के लिए विधान परिषद् में स्थगन प्रस्ताव लाया और सरकार से दोनों को जेल से रिहाई करने की माँग की।

जब 8 अगस्त 1932 को मौलाना अब्दुस समद ने पृथक निर्वाचन क्षेत्र के प्रावधान वाले साम्प्रदायिक अवार्ड के आलोचना करने के लिए बंगाल विधानपरिषद में एक प्रस्ताव लाये; जिसके विरोध में विधानपरिषद के बहुसंख्यक मुस्लिम सदस्यों ने मत डाला। श्यामा प्रसाद ने इस साम्प्रदायिकता के आधार पर देश को बाँटने वाले कानून की भर्त्सना की और मौलाना समद के प्रस्ताव का समर्थन किया। इसी तरह 25 नवम्बर 1932 को विधानपरिषद में उच्च सदन को सृजन करने का प्रस्ताव आया। जैसा कि प्रस्ताव के बारे में कहा गया कि इसे किसी भी साम्प्रदायिक विचार से ऊपर रखा गया है। लेकिन प्रस्ताव का असली मकसद बंगाल विधानपरिषद में मुस्लिम प्रभाव को कम करना था। श्यामा प्रसाद ने मुस्लिम सदस्यों के साथ इस प्रस्ताव का विरोध किया।

शुरुआती दिनों में राजनीति में रहते हुए भी श्यामा प्रसाद अपने को शैक्षणिक कार्यों तक ही ज़्यादातर सीमित रखा करते थे। लेकिन धीरे धीरे परिस्थितियाँ बदली और जीवन पूर्ण रूप से राजनीतिक हो गया। श्यामा प्रसाद 2 जनवरी 1944 को लिखी अपनी डायरी में सक्रिय राजनीति में आने के कारणों की चर्चा की है। उन्होंने यह भी बताया है कि शुरुआती दौर में वह सक्रिय राजनीति में क्यों नहीं आना चाहते थे। इस सम्बन्ध में दो प्रकार के कारणों को मुख्यतः बताया है। उनका मानना था कि उनकी प्रवृत्तियाँ शैक्षणिक प्रशासन कार्य क्षेत्र में हीं निहित हैं। वह लिखते हैं कि राजनेता का करियर उनको कभी आकर्षित नहीं किया। उन्हें लगता था देश की सेवा करने का सबसे अच्छा मार्ग शिक्षा का मार्ग होगा। दूसरा महत्त्वपूर्ण कारण बताते हैं कि वह किसी सक्रिय राजनीतिक दल से नहीं जुड़े थे जिसके मंच से वह विधायिका

के बाहर जनमत को जगाने के लिए उस मंच का उपयोग कर सके। अपनी डायरी में उन घटनाओं का भी ज़िक्र करते हैं जो उन्हें सदन के बाहर जनता के बीच ले गयी। वह लिखते हैं–"कांग्रेस वह दल था जिसके साथ मेरी सहानुभूति और समर्थन था। लेकिन कांग्रेस ने बुरी तरह हिन्दूओं के हितों को छला है। कम्यूनल अवार्ड के सम्बन्ध में कांग्रेस का रवैया ढुलमूल रहा। बंगाल में गठबन्धन सरकार को समर्थन न देकर कांग्रेस ने मुस्लिम लीग को मज़बूत किया। हिन्दू विरोधी या राष्ट्र विरोधी किसी विधेयक का विरोध करने में कांग्रेस हिचकिचाती थी। उसे भय लगता था कि उस कोई साम्प्रदायिक न बता दे। जबकि कांग्रेस हिन्दू निर्वाचन क्षेत्र का प्रतिनिधित्व करती थी। हिन्दू हितों को ध्यान रखना इसका पवित्र कर्तव्य था। लेकिन इस मामले में कांग्रेस गलत साबित हुई। नौकरियों में साम्प्रदायिक प्रतिनिधत्व का मामला हो, हिन्दुओं के छवि को मालिन करने का मामला हो, हिन्दुओं के दमन और उनकी शैक्षणिक योग्यता को नज़रंदाज करना, मुस्लिमों को तरजीह देना, ऐसा कानून पारित करवाना जो हिन्दुओं को खतरे में डालता हो, दंगो को प्रोत्साहित करना, हिन्दू महिलाओं पर आक्रमण आदि हमारे पीड़ा के कुछ ज्वलंत उदाहरण थे।"

श्यामा प्रसाद को दो विधेयक जिन्हें उन्होंने 'काला विधेयक' संज्ञा से अपनी डायरी में सम्बोधित किया है–कलकत्ता नगरपालिका विधेयक और माध्यमिक शिक्षा विधेयक। माध्यमिक शिक्षा विधेयक ने उन्हें अकादमिक रूप से अलग रहने के लिए बाध्य कर दिया। इस विधेयक ने शिक्षा को दलीय और साम्प्रदायिक राजनीति का खिलौना बना दिया। ऐसी परिस्थिति में श्यामा प्रसाद ने जनता के बीच जाकर जनमत तैयार करने की आवश्यकता समझी। वह लिखते हैं–"मैंने इन मुद्दों पर शरद चन्द्र और सुभाष चन्द्र बोस से सम्पर्क किया। दोनों से हिन्दुओं की समस्या उठाने का अनुरोध किया। मैंने ऐसा साम्प्रदायिक अधार पर करने के लिए नहीं कहा बल्कि जुल्म और अन्याय के ख़िलाफ़ लड़ने के लिए कहा। कांग्रेस बंगाल में पहले से ही विभाजित थी। सुभाष कांग्रेस के अध्यक्ष पद से लगभग बेदख़ल किये जा चुके थे। हटायें जाने के बाद वह फॉरवर्ड ब्लाक की स्थापना कर चुके थे। कांग्रेस के प्रतिद्वन्दी के रूप में फॉरवर्ड ब्लाक की स्थापना करके गाँधी को चुनौती दे दी थी। अधिकारिक कांग्रेस बंगाल में कमज़ोर हो चुकी थी। दोनों हिन्दुओं की समस्याँ खुले तौर पर उठाने में अनिच्छुक थे।"

उस समय बंगाल में हिन्दू अल्पसंख्यक थे। इनकी आबादी बंगाल की आबादी का 35.68 प्रतिशत था और मुस्लिम आबादी 58.90 प्रतिशत था। कम्युनल अवार्ड और 1935 को भारत सरकार अधिनियम ने अल्पसंख्यक हिन्दूओं को बंगाल में

राजनितिक रूप से कमज़ोर कर दिया था। 1909 और 1919 के भारत शासन अधिनियम ने पहले से ही धर्म के आधार पर निर्वाचन क्षेत्र बाँट ही दिया था। अब 16 अगस्त 1932 को ब्रिटिश प्रधानमन्त्री राम से कम्यूनल अवार्ड लेकर आये जिसे मैकडोनाल्ड अवार्ड भी कहते हैं, जिसमें हिन्दू में हरिजन के लिए अलग निर्वाचन क्षेत्र का प्रावधान था। 1909 के भारत शासन अधिनियम के तहत मुस्लिमों के लिए अलग निर्वाचन क्षेत्र दे दिए गये थे और 1919 के तहत सिख, जैन, ईसाई, एंग्लोइंडियन और यूरोपियन के लिए भी अलग निर्वाचन का प्रावधान कर दिया गया था। अब कम्यूनल अवार्ड हिन्दुओं के बीच खाई पैदा करने के लिए हरिजन वर्ग के लिए भी अलग निर्वाचन क्षेत्र का प्रावधान किया। लेकिन गाँधी आम्बेडकर के बीच हुए पूना समझौता ने हरिजनों के लिए अलग निर्वाचन क्षेत्र नदेकर संयुक निर्वाचन क्षेत्र में ही इनके लिए आरक्षित सीटों की संख्या प्रान्तीय विधानमण्डलों में 71 से बढ़ाकर 148 और केन्द्रीय विधायिका में कुल आरक्षित सीटें 18% कर दीं गयीं।

श्यामा प्रसाद मुकर्जी ने 21 अक्टूबर 1944 को लिखे अपनी डायरी में चर्चा किया है–"मुसलमानों को आवंटित सीटों की प्रान्तीय असेम्बली में लगभग 49 प्रतिशत थी। जबकि 1916 के लखनऊ समझौते ने उन्हें चालीस प्रतिशत सीट दिया था। ऐसी स्थिति में अल्पसंख्यक हिन्दुओं का असेंबली में कोई महत्त्व नहीं रह गया था; ग़ैर-आधिकारिक यूरोपीय लोगों के पास पच्चीस सीटें थी। हिन्दू अभी भी पूना समझौता के अन्तर्गत विभाजित थे। तीस सीटें अनुसूचित जाति को दी गयी थी। लेकिन वास्तविक रुपए में उन्हें केवल दस सीटें ही मूल श्वेत-पत्र के अन्तर्गत प्रदान किये गये थे। इस प्रकार हिन्दूओं को उनके उन्नत विचारों और उग्र राष्ट्रवाद के कारण उन्हें अत्यधिक प्रतिक्रियावादी साम्प्रदायिक बहुसंख्यक की दया पर छोड़े दिए जाने की सज़ा दी गयी।"

परिवर्तित परिस्थितियों में 1936 में 1935 भारतीय शासन अधिनियम के अनुसार 250 विधान सभा के सीटों के लिए चुनाव हुए। फरवरी 1937 में इसके परिणाम आये। इस चुनाव में कांग्रेस को बंगाल विधानसभा चुनाव में 54 सीटें मिली, मुस्लिम लीग को 39, हिन्दू सभा को 37 और कृषक प्रजा पार्टी को 42 सीटें मिली। कृषक प्रजा पार्टी को 1929 में ए. के. फजलुल हक़ ने स्थापना की थी। 250 में मात्र 80 हिन्दू सदस्य चुनकर आये थे। 80 में ज़्यादातर कांग्रेस के टिकट पर निर्वाचित हुए थे।

कांग्रेस सबसे बड़ी पार्टी बनकर उभरी थी। कृषक प्रजा पार्टी के नेता फजलुल हक एक उदारवादी नेता थे। पेशे से वकील थे। इनकी उदारवादी नीति को देखते हुए कट्टरवादी मुस्लिम इनका विरोध करते थे। 1906 से 1936 तक बंगाल में मुस्लिम

लीग कोई स्थापित दल नहीं था। 1930 में फजलुल हक का विरोध करने के लिए बंगाल के सारे कट्टरपंथी मुस्लिम यूनाइटेड मुस्लिम पार्टी के बैनर तले इकठ्ठा हुए थे। यही यूनाइटेड मुस्लिम पार्टी 1936 में मुस्लिम लीग में तब्दील हो गयी। इनकी पार्टी को छोटे ज़मींदार, तालुकदार और जोतेदार द्वारा आर्थिक रूप से मदद प्रदान किया जाता था जो लीग की तुलना में कुछ नहीं था। मुस्लिम लीग को आर्थिक समर्थन मुस्लिम जमींदारों व ढाका और कलकत्ता के ग़ैर-बंगाली उद्योगपतियों से मिलता था। मुस्लिम लीग का नेतृत्व हुसैन शाहीद सुहरावर्दी कर रहे थे। जो आगे चलकर एक साल के लिए पाकिस्तान के प्रधानमन्त्री भी बने। उससे पहले अविभाजित भारत के बंगाल राज्य के मुख्यमन्त्री भी रहे। मुस्लिम लीग समर्थित 'द आज़ाद' जैसे समाचार पत्र खुलेआम फजलुल हक के पार्टी को हिन्दू समर्थक पार्टी और मुस्लिम लीग को इस्लाम और मुस्लिम का पथ-प्रदर्शक बताया करता था। प्रजा कृषक पार्टी का जनाधार शहरी क्षेत्रों में नहीं था। ग्रामीण इलाकों में ही इसका जनाधार था। यह म्यामेंसिंह, नोआखाली और चिटगाँव जैसे जिलों में इसकी पकड़ अच्छी थी। इस पार्टी के मुद्दे सामान्तया आर्थिक होते थे–जैसे लगान कम करवाना, ग़ैरकानूनी वसूली ख़त्म करना, साहूकारों के शोषण से रहत दिलवाना, जमींदारों का किसानो के प्रति बेहतर रवैया हो इत्यादि।

फजलुल हक ने चुनाव में पटुआखाली से नाजिमुद्दीन को पटखनी दी थी। नाजिमुद्दीन पहले कृषक प्रजा पार्टी में ही थे लेकिन नेतृत्व को लेकर फजलुल हक के साथ अनबन हो गया था और वह चुनाव से पहले मुस्लिम लीग में शामिल हो गये थे। नाजिमुद्दीन की हार से कट्टरपन्थी मुस्लिम तत्वों में एक निराशा का माहौल हो गया था। कृषक प्रजा पार्टी ने चुनाव में अच्छा प्रदर्शन किया था। श्यामा प्रसाद ने लिखा है कि फजलुल हक प्यारे और भावुक व्यक्ति थे लेकिन सत्ता के लिए मरे जा रहे थे। हक बहुत दिनों से सरकारी काउंसल नहीं रहे थे। इसलिए यूरोपियनों ने उन पर विश्वास नहीं किये। उन्होंने कांग्रेस से समर्थन माँगा, लेकिन उनका शर्त थी कि उन्हें ख़ुद बंगाल का प्रधानमन्त्री बनाया जाये। कांग्रेस आलाकमान ने गठबन्धन सरकार बंगाल में बनाने से माना कर दिया। हालाँकि कांग्रेस ने उसी समय पड़ोसी राज्य असम में गठबन्धन सरकार बनायीं थी। अन्त में मुस्लिम लीग से समर्थन लेकर फजलुल हक ने गठबन्धन सरकार बनाया और स्वयं बंगाल के प्रधानमन्त्री बने, जिसे आज की भाषा में मुख्यमन्त्री कहते हैं। मुस्लिम लीग के ख़्वाजा नाजिमुद्दीन और फजलुल हक के बीच समझौता कांग्रेस नेता, उद्योगपति और पॉवर ब्रोकर नलिनी रंजन सरकार ने करायी थी। नलिनी रंजन सरकार पाला बदलने के लिए जाने

जाते थे। ये कांग्रेस में गाँधीवादी गुट में थे। इन्होंने पद और सत्ता के लिए कांग्रेस की सदस्यता को त्याग दिया। गठबन्धन सरकार में ये वित्तमन्त्री बनाए गये ख़्वाजा नाजिमुद्दीन को गृहमन्त्री का पद मिला। ग्यारह सदस्यीए मन्त्रिमण्डल में पाँच मन्त्री हिन्दू बने और पाँच मुस्लिम, जिसमें 4 मुस्लिम लीग से थे और एक शमसुद्दीन अहमद प्रजा कृषक पार्टी से थे।

श्यामा प्रसाद लिखते हैं कि यदि कांग्रेस फजलुल हक को समर्थन दे देती तो बंगाल मुस्लिम-लीग और ब्रिटिश षड्यन्त्र से बच जाता और बंगाल हिन्दू-मुस्लिम प्रतिनिधयों के संयुक्त प्रयासों से एक मज़बूत और समृद्ध राज्य बनता। हक प्रधानमन्त्री (मुख्यमन्त्री) थे। लेकिन लीग सरकार को बहुत ज़्यादा प्रभावित करता था। मुस्लिम लीग साम्प्रदायिक हितों को आगे बढ़ा रहा था। श्यामा प्रसाद 1937 में बंगाल विधान सभा में कलकत्ता विश्विद्यालय निर्वाचन क्षेत्र से पुनः चुन कर आ गये थे। श्यामा प्रसाद 21 अक्टूबर 1944 को अपनी डायरी में 1937 में बने गठबन्धन सरकार के बारे में उल्लेख करते हुए लिखते हैं, "फजलुल हक लीग में शामिल हो गये। ...एन.आर. सरकार, बी.पी. सिंहरॉय और कासिमबाज़ार के महाराजा जैसे हिन्दू समुदाय के लोग कैबिनेट में शामिल हुए। वे शायद ही किसी प्रकार का प्रभाव हक सरकार की साम्प्रदायिक नीतियों को रोकने पर डाल सके...फजलुल हक को सुहरावर्दी, सहाबुद्दीन और नाज़िमुद्दीन जैसे चतुर लीग नेताओं ने अपने इशारे पर जैसे चाहते थे वैसे, नचाते थे। हक को इन नेताओं ने मुखौटा की तरह उपयोग किया। उन्होंने ख़ुद कोसंगठित किया औरलीग ने प्रभावी ढंग से और निर्दयतापूर्वक हिन्दुओं को उनके अधिकारों से वंचित करने का अपना अभियान चलाया। उन्हें लगता था वे ऐसा करके ही इस्लामिक संरचना का निर्माण कर सकते थे। कांग्रेस पार्टी ने मन्त्रालय का ज़ोरदार विरोध किया, लेकिन सरकार को काफ़ी संरक्षण था जिससे अपनी स्थिति को और मज़बूत बनाया। अगर कांग्रेस हाईकमान और बंगाल कांग्रेस 1937 में फजलुल के साथ शामिल हो गयी होती तो बंगाल आज पूरी तरह से एक अलग तरह का राज्य होता। अन्य राज्यों में, तीन महीने के बाद, कांग्रेस ने सत्ता स्वीकार कर ली, लेकिन बंगाल को यूरोपीय (ब्रिटिश)–लीग की दया पर छोड़ दिया था। बंगाल के बाहर भी, जहाँ कांग्रेस बहुमत में थी उनके नेताओं ने विवेक पूर्ण ढंग से कार्य नहीं किया।"

श्यामा प्रसाद मुकर्जी के डायरी से यह स्पष्ट होता है कि कृषक प्रजा पार्टी और मुस्लिम लीग की गठबन्धन सरकार ने साम्प्रदायिकता को अपनी नीतियों में खुलेआम बढ़ावा दिया। यदि कांग्रेस कृषक प्रजा पार्टी के साथ सरकार बना ली होती

तो लीग और यूरोपियन के प्रभुत्व से सरकार को दूर रखती बंगाल को बचा लेती। और लीग प्रभावशाली ढंग से अपना साम्प्रदायिकता का एजेंडा नहीं बढ़ा पता। इस पाँच वर्षों के गठबन्धन सरकार में बंगाल में हिन्दू-मुस्लिम के सौहाद्रपूर्ण सम्बन्धो में काफ़ी गिरावट आयी।

ये तो जगजाहिर था कि हक सरकार को लीग नियन्त्रित करती थी। लीग के प्रभुत्व में जो भी विधेयक पेश हुए वह हिन्दुओं को कमज़ोर करने के लिहाज़ से किये गये। बंगाल में अधिकतर ज़मींदार हिन्दू थे और ज्यदातर कास्तकार मुस्लिम थे। 1937 के सितम्बर महीने में बंगाल काश्तकार संशोधन विधेयक विधान सभा में प्रस्तुत किया गया। जिसका मकसद था ज़मींदारों को काश्तकारों से लगन वसूलने के अधिकार को कम करना।

1938 में बंगाल विधान सभा ने 60 प्रतिशत आरक्षण मुस्लिम समुदाय के लिए सरकारी नौकरियों में करने की अनुशंसा की। उस समय तक मुकर्जी किसी दल के सदस्य नहीं थे। वर्धमान के राजा के नेतृत्व में मुख़र्जी भी उस समय के गवर्नर सर जॉन रीड से मिलकर सरकारी भर्ती में धर्म के आधार पर आरक्षण के मुद्दे को उठाया। लेकिन अंग्रेज़ी हुकूमत ने इन लोगों के अनुरोध पर कोई विचार नहीं किया। अगले साल 1939 में सरकार ने निर्णय लिया कि सीधी भर्ती के सभी मामलों में मुस्लिमों के लिए आरक्षण 50 प्रतिशत होगा। इसके आलावा पदोन्नति में अतिरिक्त आरक्षण 50 प्रतिशत से अधिक होगा और प्रत्यक्ष भर्ती में 50 प्रतिशत होगा। इस निर्णय के कार्यान्वयन के लिए 1940 में एक विशेष अधिकारी की नियुक्ति की गयी जिसे 'साम्प्रदायिक अनुपात अधिकारी' कहा जाता था। इसके तहत यदि बंगाल प्रान्त के मुस्लिमों से 50 प्रतिशत सीटें नहीं भरे तो बाहर के प्रान्तों से मुस्लिमों को भरे जाने का सुझाव था। यहाँ तक की न्यूनतम अहर्ता को भारतीय मुसलमान पूरा न करे तो बाहरी देशों जैसे कि मिस्रसे भी मुस्लिमो को भरने सुझाव था। यह नीति, शिक्षक, किरानी, न्यायिक, कार्यकारी जैसे पदों पर भर्ती के लिए लागू की गयी थी। योग्य हिन्दुओं को नौकरियों से बेदख़ल करने की यह नीति हिन्दू और मुस्लिम के बीच साम्प्रदायिक सौहाद्र में जहर घोलने का कार्य कर रहा था। सरकार पर अधिक नियन्त्रण नाज़िमुद्दीन और सुहरावर्दी का था। सुहरावर्दी मुस्लिम लीग के उभरते नेता थे। कैबिनेट मेंनाज़िमुद्दीन सबसे मज़बूत व्यक्ति थे। उनके सरकार पर अधिक नियन्त्रण होने के दो कारण थे–पहला वह गृहमन्त्री होने के कारण पुलिस उनके विभाग में आती थी। और दूसरा वह गवर्नर और ब्रिटिश नौकरशाही के विश्वासपात्र थे।

अब कृषक प्रजा पार्टी की नेतृत्व वाली सरकार मुस्लिम लीग के एजेंडा पर चलने लगी थी। अब संस्कृतनिष्ठ बंगाली भाषा के जगह पर प्राथमिक विद्यालयों के टेक्स्ट बुक उर्दू और अरबी शब्दों के मिश्रण से तैयार नई भाषा में तैयार किया जाने लगा। दोनों समुदायों के बीच शिक्षा की प्रगति में असन्तुलन को दूर करने के लिए शैक्षिक अनुदान और छात्रवृत्ति का उपयोग विशेष रूप से मुस्लिम छात्रों के पक्ष में किया जाने लगा। टेक्स्ट बुक का सम्प्रदायीकरण भी करने का प्रयास किया गया जिसकी चर्चा अध्याय तीन में की गयी है। माध्यमिक शिक्षा जो कि कलकलकत्ता विश्विद्यालय के नियन्त्रण में था, उसके नियन्त्रण को हटाने के लिए माध्यमिक शिक्षा विधेक लाया गया। कलकत्ता नगरनिगम संशोधन अधिनियम के द्वारा मुसलमानों के लिए एक अलग निर्वाचन क्षेत्र लागू करके कलकत्ता नगर निगम को मुसलमानों के नियन्त्रण में लाने का प्रयास किया गया।

श्यामा प्रसाद ने दोनों विधेयको का विधान सभा में विरोध किया। 10 मार्च 1939 में कलकत्ता नगर निगम विधेयक पर बोलते हुए कहा कि यह विधयेक कोई प्रगतिशील विधेयेक नहीं है। ये पीछे ले जाने वाला विधेयेक है। इस विधेयक को लेकर फजलुल हक़ सरकार को अंग्रेज़ी हुकूमत का भी समर्थन था। चूँकि उनकी नीति ही थी फूट डालों शासन करो। अंग्रेज़ी हुकूमत का समर्थन था इसलिए विधान सभा में यूरोपीय ग्रुप ने इस विधयेक का समर्थन किया था। यूरोपियन ग्रुप के विधान सभा में नेता ने समर्थन करते हुए तर्क दिया कि वह निगम में किसी भी तरह के प्रभुत्व की राजनीति के विरुद्ध हैं। श्यामा प्रसाद ने इस तर्क का जवाब देते हुए कहा कि यूरोपीय ग्रुप के कथनी और करनी में काफ़ी अन्तर है। उन्होंने कहा कि वे किस विचार से साम्प्रदायिकता को बढ़ावा देने वाले विधेयक का समर्थन करने के लिए सोचा है। श्यामा प्रसाद ने प्रश्न करते हुए कहा कि क्यों संयुक्त निर्वाचन क्षेत्र का परित्याग किया गया। संयुक्त निर्वाचन क्षेत्र अरक्षित सीटों के साथ प्रदेश के सारे निकायों और नगर निगम में स्वीकार किया गया है। आज क्यों संयुक्त अरक्षित सीटों के साथ संयुक्त निर्वाचन को सरकार त्यागने जा रही है। मुकर्जी ने कहा कि यदि सरकार को लगता है कि निगम में मुस्लिम अधिकरों की उपेक्षा हुई है तो पहले एक निष्पक्ष अधिकरण से जाँच करायी जानी चाहिए। जो सदस्य इस प्रस्ताव का समर्थन कर रहे हैं उन्हें नहीं पता प्रान्त के दूसरे निगमों पर इसका प्रभाव क्या पड़ेगा। क्या उन निगमों और निकायों के प्रशासनिक गतिविधियों पर यह एक अच्छा प्रभाव डालेगा?

डॉ श्यामा प्रसाद मुकर्जी ने कहा "इस प्रस्तावित विधेयेक में कहा गया है कि मुस्लिमों को 22 सीटें मिलनी चाहिए, जो अभी 19 है। इसका कारण बताया गया

है कि कलकत्ता शहर में मुस्लिमों की आबादी 25 प्रतिशत है। जहाँ तक यूरोपियन का प्रश्न है वे 10 प्रतिशत सीटें चाहते हैं। उसका कारण ग्रुप लीडर वॉकर कहते हैं वे लोग कुल करों का 15 प्रतिशत कलकत्ता निगम को देते हैं। यद्यपि जनसंख्या के लिहाज़ से वे लोग महत्त्वहीन हैं। ये सब निष्पक्ष और सैद्धान्तिक मालूम पड़ता है जब यूरोपीय और मुस्लिमों पर लागू करना होता है तो, लेकिन हिन्दुओं के मामले में क्यों यह सिद्धान्त लागू नहीं होता? कलकत्ता का 70 प्रतिशत आबादी हिन्दुओं का है और लगभग 75 प्रतिशत कर हिन्दुओ द्वारा दी जाती है। 80 प्रतिशत मतदाता कलकत्ता नगर निगम में हिन्दू हैं। मुकर्जी ने विधान सभा में पूछा कि ऐसी स्थिति में हिन्दुओ को कितनी सीटें दी जानी चाहिए? सच्चाई तो ये है कि हिन्दुओं को कलकत्ता नगर निगम में अल्पसंख्यक बना दिया गया है। श्यामा प्रसाद ने कहा कि जहाँ तक मुस्लिम प्रतिनिधित्व का प्रश्न है वे भी बहुमत नहीं पा रहे हैं। सच तो यह है शक्ति सन्तुलन तीसरे पार्टी के हाथ में है। तीसरी पार्टी श्यामा प्रसाद ने अंग्रेज़ों को बताया। उहोने विधान सभा में अपील किया कि हिन्दू-मुस्लिम अपना मतभेद भुलाकर साथ आ जायेंगे तो बंगाली नेतृत्व बंगाल में ही नहीं पुरे देश के राजनीति की वास्तिवकता होगी।

इस विधेयक का मकसद कलकत्ता नगर निगम में हिन्दुओ को अल्पसंख्यक बना कर उनके प्रभुत्व को ख़त्म करना था। इस मकसद से मुस्लिमों को अलग निर्वाचन क्षेत्र और सीटें भी उनके लिए बढाई जा रही थी। कैबिनेट के हिन्दू मन्त्री नलिनी रंजन सरकार और सर विजॉय प्रसाद सिंह रॉय ने इस बिल का विरोध करने से माना कर दिया। इन लोगों ने सरकार से सिर्फ़ यह अनुरोध किया कि हिन्दुओं का ग़ुस्सा ठण्डा करने के लिए तीन सीटें और बढ़ा दी जाये।

1940 में सरकार ने माध्यमिक शिक्षा विधेयक प्रस्तुत की। उस समय मैट्रिकुलेशन की पढ़ाई और माध्यमिक शिक्षा भी विश्वविद्यालय के द्वारा ही नियन्त्रित किया जाता था। इस विधेयक द्वारा सरकार शिक्षा पर पूर्ण नियन्त्रण चाहती थी, ताकि अपने मन मुताबिक शिक्षकों और अन्य कर्मियों की नियुक्ति कर सके। इसके अलावा सरकार की मनसा थी कि विश्वविद्यालय के मतदाताओं को भी नियन्त्रित किया जा सके। मुस्लिम लीग के प्रभुत्व वाली सरकार का मानना था कि शिक्षा व्यवस्था में मुसलमानों का प्रतिनिधित्व कम है इसलिए माध्यमिक शिक्षा को कलकत्ता विश्वविद्यालय के नियन्त्रण से निकालकर एक नये बोर्ड के अन्तर्गत कर देना चाहिए और उस बोर्ड का नियन्त्रण प्रान्तीय सरकार अपने द्वारा मनोनीत सदस्यों द्वारा करेगी। डॉ मुख़र्जी ने माध्यमिक शिक्षा विधेयक पर विधानसभा में बोलते

हुए कहा "आरोप लगाया जा रहा है कि यूनिवर्सिटी ने मुस्लिम हितों की अनदेखी की है। यह सही है कि विश्वविद्यालय में हिन्दु ज़्यादा सेवारत है। लेकिन सारे समुदाय को बराबर का अवसर दिया गया। इस पिछड़ेपन का आरोप विकासशील समुदायों पर नहीं थोपनी चाहिए और उनकी उन्नति पर आर्टिफिशियल रोक नहीं लगानी चाहिए।"

माननीय प्रधानमन्त्री (मुख्यमन्त्री) हक ने विश्वविद्यालय के सीनेट में मुस्लिम प्रतिनिधित्व को लेकर प्रश्न किया और कहा कि सीनेट में पंजीकृत स्नातकों ने कभी मुस्लिम को निर्वाचित नहीं किया। डॉ. मुकर्जी ने हक के आरोपों पर बोलते हुए कहा कि "मैं इस बात पर खेद प्रकट करता हूँ कि कभी मुस्लिम प्रत्याशी निर्वाचित नहीं हुए। लेकिन कितने स्नातक मुस्लिमों ने जिन्होंने जो कोलकाता विश्वविद्यालय से स्नातक किया है, कभी अपने को स्नातक मतदाता के रूप में पंजीकरण कराने पर ध्यान दिया? क्या उन्होंने "10 प्रतिवर्ष विश्वविद्यालय कोष में देने में दिलचस्पी दिखाई?" श्यामा प्रसाद ने आगे कहा "1914 में दो मुस्लिम स्नातकों ने पंजीकरण कराया था। यह संख्या 1924 में चार हो गयी, 1934 में शून्य हो गयी और 1940 में चार है। श्यामा प्रसाद ने अपने भाषण में बताया कि 34 वर्षों में विश्वविद्यालय ने अपने कोष में एक करोड रुपए प्राप्त किये। इस एक करोड़ में 24 हजार रुपये का मुसलमानों ने योगदान दिया," 9 लाख क्रिश्चियन ने योगदान दिया और शेष जो बचा वह हिन्दुओं ने दिया। श्यामा प्रसाद ने सरकार पर आरोप लगाया कि प्रान्त में आप बहुतसंख्यक हैं, इसलिए विश्वविद्यालय को नियन्त्रित करना चाहते हैं। मैं कहूँगा की आप भी विश्विद्यालय के साथ उदारता के साथ पेश आइए, जैसे पूर्व छात्र रहे हिन्दुओं ने अपने विश्विद्यालयों के साथ वर्ताव किया है। विश्वविद्यालय ने सारे समुदायों से एक समान व्यवहार किया है कभी किसी के साथ भेदभाव नहीं किया है।"

पिछले 40 वर्षों के दौरान विश्वविद्यालय जिस विचार पर विकसित हुआ है, वह विचार भारतीय राष्ट्रवाद की उच्चतम धारणा के अनुकूल है। शिक्षा के इस महान पीठ के पुनरुद्धार से जहाँ भारतीय संस्कृति और सभ्यता को भारतीय विद्वानों से उचित सम्मान मिलेगा, शिक्षा की एक ऐसी पीठ जहाँ भारतीयों की मदद से उच्चतम वैज्ञानिक प्रशिक्षण दिया जायेगा, जहाँ पूर्व और पश्चिम समान स्तर पर पूर्ण समता के साथ मिलेंगे और एक भारतीय को पश्चिमी ज्ञान और कौशल के सर्वोत्तम तत्व को अपनाने में संकोच किये बिना अपनी राष्ट्रीय उपलब्धियों पर गर्व महसूस करना सिखायगा, यही वह विचार है जिसने कलकत्ता विश्वविद्यालय से जुड़े व्यक्तियों के

काम को प्रेरित किया है। श्यामा प्रसाद ने विश्विद्यालय के मकसद को स्पष्ट करते हुए इसके कमज़ोरियों के तरफ भी इंगित किया।

उन्होंने कहा कि कुछ अन्तर्निहित कमज़ोरियाँ रही हैं जो विश्वविद्यालय को किसी देश के राष्ट्रीय जीवन में पूर्ण भागीदारी से रोकती हैं। लेकिन हमें यह नहीं भूलना चाहिए कि यह विश्वविद्यालय की गलती नहीं है, बल्कि यह प्रत्येक गुलाम राष्ट्र के भाग्य से जुड़ा हुआ है, जिसे अभी भी अपनी राजनीतिक स्वतन्त्रता प्राप्त करनी है और अपने विश्वविद्यालयों और शैक्षणिक संस्थानों को स्वतन्त्र ज्ञान और सोच का स्रोत बनाना है। 4 सितम्बर 1941को श्यामा प्रसाद ने विधान सभा में सरकार से कहा कि इस शिक्षा विधेयक पर आगे न बढ़ें। उन्होंने कहा कि मुख्यमन्त्री और प्रान्त की आम जनता के लिए शैक्षिक सुधार पर एक सहमत उपाय से अधिक स्वागत योग्य कदम कुछ भी नहीं होगा। हमलोग अपने मतभेदों पर अन्य क्षेत्रों में लड़ सकते हैं। लेकिन शिक्षा को इससे अलग रखना चाहिए। हमें इस बात को लेकर चिन्तित होना चाहिए हमारे बच्चे हमसे बेहतर शिक्षा कैसे प्राप्त करे। उन्होंने कहा कि क्यों नहीं हमें ऐसी सम्मानजनक स्थिति में पहुँचना चाहिए जो दोनों पक्षों में स्वीकार हो। अन्त में शरत चन्द्र बोस और हरेन्द्र रॉय चौधरी जैसे कांग्रेसी नेता श्यामा प्रसाद से सहमत होकर शिक्षा विधेयक के विरोध में आ गये। अधिकारिक कांग्रेस पार्टी ने भी विधेयक के विरोध में विधान सभा का बहिष्कार किया।

गर्मागर्मी और बहस के बाद श्यामा प्रसाद विधान सभा में माध्यमिक शिक्षा का इस्लामीकरण और प्रभुत्व स्थापित करने की लीग की योजनाओं को विफल करने में सफल रहे। अन्त में मुख्यमन्त्री फजलुल हक और उनके समर्थकों को अपने पक्ष में करने में सफल हो गये और 8 सितम्बर 1941 को विधेयक को सेलेक्ट में भेजवाने में सफल हो गये। इस तरह विधयेक विधान सभा में पारित होने से रुक गया।

हिन्दू महासभा से जुड़ाव

पिछले अध्याय से स्पष्ट हो गया कि मुस्लिम लीग के इशारे पर चलने वाली फजलुल हक सरकार की विधायी और प्रशासनिक स्तर पर हिन्दुओं के न्यायोचित अधिकरों के अतिक्रमण वाली नीतियाँ जारी रही। प्रशासन साम्प्रदायिक आधार पर चलाया जा रहा था, जो साम्प्रदायिक दंगो को प्रदेश में बढ़वा दे रहा था। श्यामा प्रसाद को बंगाल के कांग्रेस नेताओं से इन मुद्दों पर समर्थन मिलने की कोई आश नहीं थी। क्योंकि वे अपनी धर्मनिरपेक्ष छवि को लेकर बहुत सजग थे। माध्यमिक शिक्षा विधेयक और कलकत्ता नगर निगम जैसे विधेयक बंगाल के शैक्षिणिक-सांस्कृतिक विकास को अवरुद्ध करने वाले थे। जिस कलकत्ता विश्विद्यालय को श्यामा प्रसाद विश्वस्तरीय अध्ययन का केन्द्र बनाना चाहते थे ताकि भारतियों को बाहर न जाना पड़े और भारत में ही उन्हें उम्दा क़िस्म का आधुनिक शिक्षा भारतीयता के मूल्यों के साथ मिले। लेकिन हक सरकार अपनी साम्प्रदायिक नीतियों से इसे पीछे धकलने में लगी थी। इन परिस्थितियों में श्यामा प्रसाद को एक राजनितिक दल की ज़रूरत महसूस हो रही थी। वह कांग्रेस को 1930 में ही छोड़ चुके थे। तब से निर्दलीय उम्मीदवार के रूप में प्रान्तीय विधान मण्डल में चुनकर आते थे। चूँकि श्यामा प्रसाद को लगता था कि कांग्रेस के विचार और व्यवहार में अन्तर है। कांग्रेस का तुष्टिकरण राष्ट्रहित में ठीक नहीं है। अगस्त 1939 में वर्धवान के महाराजाधीराज बहादुर के नेतृत्व में श्यामा प्रसाद बंगाल के कार्यकारी गवर्नर से नौकरियों में साम्प्रदायिक अनुपात के सम्बन्ध में मिले। इस अनुरोध को गवर्नर जनरल और सेक्रेटरी ऑफ़ स्टेट को भेजा गया। लेकिन इससे बंगाल के अल्पसंख्यको को सुरक्षा नहीं मिला। इन लोगों के अनुरोध को अस्वीकार कर दिया गया। ये लोग बंगाल के विशिष्ट व्यक्ति थे, लेकिन किसी राजनीतिक दल के सदस्य नहीं थे। इसलिए उनलोगों के माँगों को अंग्रेज़ी हुकूमत ने उतनी तवजू नहीं दी।

वीर सवारकर से सम्पर्क

इन्ही सभी घटनाओं के बीच वीर सवारकर जो बाल गंगाधर तिलक के करीबी माने जाते थे, पश्चिमी महाराष्ट्र के एक छोटे से तटीय शहर रत्नागिरी में बॉम्बे की सरकार द्वारा नज़रबन्द किये गये थे, उन्हें छोड़ दिया गया था। सवारकर को 1924 से 1937 तक नज़रबन्द रखा गया था और राजनीतिक गतिविधियों में भाग लेने से प्रतिबन्धित कर दिया गया था। वहाँ से छूटने के बाद उनका कलकत्ता में आगमन हुआ था। कलकत्ता में उनकी मेजबानी एन सी चटर्जी कर रहे थे। निर्मल चन्द्र चटर्जी बैरिस्टर थे हिदू महासभा के नेता थे और कलकत्ता उच्च न्यालय में जज भी रहे थे। बाद में संसद सदस्य भी बने। उन्होंने कलकत्ता के कुछ प्रमुख लोगों को सावरकर से मिलने के लिए आमन्त्रित किया था। उन प्रमुख लोगों में डॉ श्यामा प्रसाद मुकर्जी भी थे। श्यामा प्रसाद ने इस घटना का उल्लेख अपनी डायरी में किया है। वह लिखते हैं–“ अगस्त/सितंबर 1939 में वीर सावरकर बंगाल आये थे और मैं उनके सम्पर्क में आया...सावरकर हिन्दू महासभा की नई विचारधारा साथ बंगाल आये। वह खुलना में प्रान्तीय अधिवेशन की अध्यक्षता किया। वह बंगाल में अल्पसंख्यक हिन्दुओं की असहाय स्थिति देखकर क्षुब्ध हुए, कांग्रेस अल्पसंख्यकों की रक्षा करने में विफल रही थी। हम लोगों में से कुछ वीर सवारकर से प्रभावित हुए। निर्मल चटर्जी, एस. एन. बनर्जी, आशुतोष लाहिरी और दूसरे व्यक्तियोंने महासभा ज्वाइन करने के लिए मुझ पर दबाव डाला।

श्यामा प्रसाद ने सितम्बर 1939 में पश्चिम बंगाल का विस्तृत यात्रा किया। उन्होंने यात्रा के दौरान पाया कि सरकार के साम्प्रदायिक नीतियों के कारण बंगाल के अल्पसंख्यक हिन्दुओं की स्थिति विकट हो गयी है। सरकार के रवैया के ख़िलाफ़ उनमें प्रतिरोध करने की क्षमता धीरे धीरे मरती जा रही है। यह वह समय था जब बंगाल में दो हिन्दू सभा थी–एक जिसकी निष्ठा अखिल भारतीय हिन्दू सभा के प्रति थी और दूसरी विजय चन्द्र चटर्जी (बी. सी. चटर्जी) के प्रति निष्ठा वाली। श्यामा प्रसाद मुकर्जी, कलकत्ता उच्च न्यायलय के पूर्व न्यायधीश मन्मथनाथ मुकर्जी (सर एम.एन. मुकर्जी), कलकत्ता के प्रख्यात अधिवक्ता और बंगाल विधान परिषद के सदस्य नरेन्द्र कुमार बसु (एन.के. बसु), मयमसिंह के महाराजा शशिकान्त आचार्य चौधरी, सचिन्द्र नाथ बनर्जी (एस.एन बनर्जी), निर्मल चन्द्र चटर्जी और अन्य कई व्यक्तित्व साथ आये और दोनों सभाओं में सहमती बनायीं गयी और दोनों सभाए एक होकर मन्मथनाथ मुकर्जी की अध्यक्षता सभी ने स्वीकार किया। यह घटना

दिसम्बर 1939 में होने वाले अखिल भारतीय हिन्दू महासभा के राष्ट्रीय अधिवेशन से पहले घटी। श्यामा प्रसाद अपनी डायरी में लिखते हैं कि 1939 के अधिवेशन के लिए मनमथनाथ मुकर्जी स्वागत समिति के अध्यक्ष बनाए गये और बी. सी. चटर्जी महामन्त्री बनाए गये। मुकर्जी के शब्दों में यह एक महान संघर्ष की महान शुरुवात थी। श्यामा प्रसाद ने हिन्दू महसभा से सक्रिय राजनीति में प्रवेश किया। इन्हें हिन्दू महासभा का उपाध्यक्ष बनाया गया।

श्यामा प्रसाद के हिन्दू महासभा से सक्रिय राजनीति में आने के निर्णय का महात्मा गाँधी ने भी स्वागत किया। डॉ. मुकर्जी 26 फरवरी 1940 में कलकत्ता में महात्मा गाँधी से मिले। उस समय महात्मा गाँधी ढाका के नजदीक मलिकनन्दा से अखिल भारतीय चरखा संघके एक बैठक से लौट रहे थे।

इस मुलाकात के द्वारान डॉ. मुकर्जी ने महात्मा गांधी से पूछा कि कांग्रेस अलग निर्वाचन क्षेत्रों का विरोध क्यों नहीं कर रही है, जिसके बारे में उनका मानना थाकि इससे किसी समय भारत का विभाजन हो सकता है। उन्होंने अपने तर्क के समर्थन में गांधी जी को लेडी मिंटो की डायरी का हवाला दिया। गांधी जी ने डायरी के बारे में अपनी अनभिज्ञता व्यक्त की और उन से इस में से चयनित अंश भेजने का अनुरोध किया।

अनीता गर्ग अपनी पुस्तक 'द लायन ऑफ़ पार्लियामेंट' में लिखती हैं–जब डॉ. श्यामा प्रसाद के महासभा में प्रवेश के बारे में बताया गया, तो गांधी जी ने कहा कि मालवीय जी के बाद हिन्दुओं का नेतृत्व करने के लिए किसी की आवश्यकता थी। इस पर डॉ. मुकर्जी ने व्यंग किया कि तब तो आप मुझे साम्प्रदायिक करार देंगे। गांधी जी ने उत्तर दिया कि शिव की तरह कोई भारतीय राजनीति का विष पी सकता है तो वह आप हो सकते हैं। गांधीजी डॉ. मुकर्जी के व्यापक और सम्पूर्ण राष्ट्रवादी दृष्टिकोण से बहुत प्रभावित थे। उन्होंने मुकर्जी से कहा कि पटेल हिन्दू सोच वाले कांग्रेसी हैं, आप एक कांग्रेसी सोच के साथ एक हिन्दू सभाई बनिये।

श्यामा प्रसाद मुकर्जी हिन्दू महासभा के कार्यकारी अध्यक्ष के रूप में

कलकत्ता में अखिल भारतीय अधिवेशन के बाद हिन्दू महासभा का पुनर्गठन हुआ। इसमें श्यामा प्रसाद को हिन्दू मसभा के उपाध्यक्ष का दायित्व मिला। हालाँकि मुकर्जी 1940 में वीर सावरकर के अस्वस्थ रहने के वजह से अखिल भारतीय हिन्दू महासभा के कार्यकारी अध्यक्ष भी मनोनीत हुए। मुकर्जी हिन्दू महासभा के विचार और नीति को तार्किक ढंग से रखने लगे। कार्यकारी अध्यक्ष के नाते मुकर्जी को पूरे

देश में भ्रमण करने का मौका मिला। मुस्लिम लीग अपने पूर्वनियोजित साम्प्रदयिक एजेंडे पर कार्य जारी राखा था। उस समय कांग्रेस सबसे संगठित राजनीतिक दल थी और मुख्यरूप से हिन्दुओं के समर्थन पर निर्भर थी। हालाँकि, कांग्रेस खुलकर हिन्दू के अधिकरों के लिए आवाज उठाने से संकोच करती थी। क्योंकि उसे ऐसा लगता था कि ऐसा करने से उसे साम्प्रदायिक करार दे दिया जायेगा। कांग्रेस में भी उस समय आन्तरिक कलह से जूझ रही थी। सुभाष चन्द्र बोस ने महात्मा गांधी के ख़िलाफ़ विद्रोह कर दिया था। बंगाल कांग्रेस भी दो भागों में विभाजित थी। एक ग्रुप खादी ग्रुप के नाम से जाना जाता था। खादी ग्रुप की निष्ठा गांधी के साथ थी। दूसरे ग्रुप की निष्ठा सुभाष चन्द्र बोस और शरतचन्द्र बोस के प्रति थी। सुभास चन्द्र बोस कांग्रेस के अध्यक्ष चुने गये थे। लेकिन वह कांग्रेस की कार्यकारिणी बनाने में असफल रहे। कांग्रेस संगठन में महत्त्वपूर्ण पदों पर बैठे लोगों ने उनके साथ काम करने से इनकार कर दिया। अन्ततः सुभाष चन्द्र बोस को त्याग-पत्र देना पड़ा। उनके जगह पर अखिल भारतीय कांग्रेस समिति के अध्यक्ष डॉ. राजेन्द्र प्रसाद चुने गये। श्यामा प्रसाद अपनी डायरी में लिखते हैं कि गांधी सुभाष के बिल्कुल विरोध में थे। वह सुभाष को कांग्रेस से निकालने के लिए दृढ थे। सुभाष चन्द्र बोस ने गांधी के कहने पर डॉ. नारायण भाष्कर खरे को कांग्रेस से निकाल दिया था। हालाँकि, खरे बाद में हिन्दू महासभा में सम्मिल्लित हो गये और 1949 में हिन्दू महासभा के अध्यक्ष भी बने। शीघ्र ही अगस्त 1939 में सुभास चन्द्र बोस को भी कांग्रेस से तीन साल के लिए निकाल दिया गया। जबकि सुभास एक बड़े व्यक्तित्व थे। वे गांधी के विरोध के बावजूद कांग्रेस के अध्यक्ष निर्वाचित हुए थे। वह गांधी जी के उदारवादी नीतियों से लड़ रहे थे। इसलिए वह काफ़ी लोकप्रिय हो गये थे। वह फॉरवर्ड ब्लाक की स्थापना की। फॉरवर्ड ब्लाक के स्थापना के बाद सुभास चन्द्र बोस देश के अलग-अलग भागों की यात्रा किया। इन्हें जिस तरह का जन समर्थन और सम्मान मिल रहा था, उससे यह प्रतीत हो रहा था कि फॉरवर्ड ब्लाक ही कांग्रेस का मुख्य प्रतिद्वन्दी है। बंगाल में सुभाष का फॉरवर्ड ब्लाक असली कांग्रेस की तरह हो गया था। अधिकारिक कांग्रेस बंगाल में कमज़ोर हो गयी थी। बंगाल के विधायी सदन के अन्दर भी कांग्रेस दो भागों में बँटी हुई थी। एक शरत चन्द्र बोस जो सुभास चन्द्र बोस के बड़े भाई थे, का गुट था और दूसरा गुट का प्रतिनिधित्व किरण शंकर रॉय कर रहे थे। जिसे अधिकारिक कांग्रेस कहा गया। श्यामा प्रसाद का दोनों गुटों से मैत्रीपूर्ण सम्बन्ध था।

कांग्रेस के अन्दर कलह और बंगाल सरकार की रवैया की वजह से हिन्दू महासभा बंगाल में प्रभाव अपना बढ़ा रहा था। श्यामा प्रसाद लिखते हैं–"हमारी बाधाएँ वास्तव में दुर्जेय थीं। कोई भी राष्ट्रवादी हिन्दू एकीकरण को अंग्रेज़ों द्वारा नापसन्द किया जाना स्वाभाविक था। हमें कट्टरपन्थी तत्वों का भी ज़बर्दस्त सामना करना पड़ा, जो मुस्लिम लीग के बैनर तले धीरे-धीरे ताकत हासिल कर रहे थे। हमें आगे तीन महत्त्वपूर्ण तत्वों से प्रतिरोध का सामना करना पड़ा। एक तो हिन्दू समुदाय के भीतर कांग्रेस का; दूसरी कम्युनिस्ट पार्टी का जो समर्थन तो लीग को करती थी लेकिन हिन्दू महासभा को साम्प्रदायिक और प्रतिक्रियावादी करार देती थी और तीसरा तीसरा अनुसूचित जाति के एक वर्ग का जो अलग राजनितिक इकाई की माँग कर रहे थे, जो हिन्दू को कमज़ोर करताथा। कांग्रेस लम्बे समय तक सामाजिक सेवा के क्षेत्र कार्य किया था। इसलिए उसके प्रति लोगों की वफ़ादारी थी। और बहादुर और निस्वार्थ कार्यकर्ताओं की फ़ौज थी। ये सब हिन्दू महासभा को बंगाल के विभिन्न भागों में संगठित करने में मुश्किले बढ़ा देती थी। इस पृष्ठभूमि को ध्यान में रखते हुए, हमने कलकत्ता नगर निगम के चुनाव लड़ने का साहस किया।"

जैसा कि श्यामा प्रसाद का सुभाष चन्द्र बोस से अच्छे सम्बन्ध थे। हिन्दू महासभा ने मार्च 1940 में कलकत्ता निगम के लिए चुनाव लड़ने का निर्णय लिया। सुभाष चन्द्र बोस कांग्रेस से निकलने के बाद कलकत्ता नगर निगम पर अपना वर्चस्व रखना चाहते थे। वह आधिकारिक कांग्रेस को अपनी शक्ति और लोकप्रियता निगम के चुनाव में दिखाना चाहते थे। श्यामा प्रसाद मुकर्जी का सुभाष और शरत दोनों से इस दौरान बात हुई। श्यामा प्रसाद ने सुझाव दिया कि आप लोग हिन्दुओं के अधिकारों की भी बात कीजिए। यदि आप लोग ऐसा करेंगे तो मुझे अलग पॉलिटिकल बॉडी की कोई आवश्यकता नहीं होगी। बोस बन्धुओं को लगा कि यदि वे ऐसा करेंगे तो मुस्लिम और भडक जायेंगे और उनलोगों की असाम्प्रदायिक छवि को भी नुकसान होगा। श्यामा प्रसाद हिन्दू के न्यायपूर्ण अधिकारों की रक्षा के लिए निगम में एक मज़बूत हिन्दू महासभा चाहते थे। इसके लिए वह सुभाष चन्द्र बोस के साथ संयुक्त रूप से चुनाव लड़ने को तैयार थे। क्योंकि सुभाष चन्द्र बोस उस समय केवल बंगाल में ही नहीं पूरे देश के लोकप्रिय नेता हो गये थे। सुभाष चन्द्र बोस को भी लगता था कि यदि लड़ाई त्रिकोणीय हुई, अर्थात हिन्दू महासभा, मुस्लिम लीग और उनके ग्रुप के बीच में, तो नगर निगम में मुस्लिम लीग को बहुमत मिल जायेगी। इसलिए वह भी श्यामा प्रसाद के साथ समझौते के लिए तैयार हो गये। उम्मीदवारों के चयन के लिए एक चयन बोर्ड का गठन किया गया। चयन बोर्ड में सुभाष कांग्रेस

से सुभाष चन्द्र बोस स्वयं थे, दूसरा शरत चन्द्र बोस औरतीसरा राजेन्द्र चन्द्र देव थे। हिन्दू महासभा के तरफ से एस.एन बनर्जी, सनत कुमार रायचौधरी और श्यामा प्रसाद मुकर्जी थे। चयन बोर्ड ने निर्वाचन क्षेत्र और उसके अनुसार उम्मीदवारों का चयन कर लिया, लेकिन दो वार्डो में उम्मीदवारों को लेकर मामला फँस गया। सुभाष चन्द्र बोस के नज़र में दो उम्मीदवारों में एक सुधीर राय चौधरी जो योग्य थे, लेकिन एक तरह के अव्वल दर्जे के षड्यन्त्रकारी भी थे। लेकिन सुभाष के गुड बुक में थे। दूसरा बेलियाघाट से विधुभूषण सरकार थे, जिससे सुभाष नफरत करते थे। महासभा चाहती थी कि दोनों को उम्मीदवार बनाया जाये या दोनों को ही उम्मीदवार नहीं बनाया जाये। लेकिन सुभाष अपनी पसन्दीदा उम्मीदवार लड़ाने के लिए अडिग थे। मुकर्जी ने कहा कि जिस तरह समझौता हुआ है, उसके अनुसार उम्मीदवार का चयन हो, अपने पसन्द ना पसन्द को लेकर जिद नहीं किया जाये। एक रात लम्बे और गरमा-गरम बहस के बाद शरद चन्द्र बोस ने गठबन्धन तोड़ लिया।

चुनाव के दौरान सुभाषचन्द्र बोष के लोग महासभा के उम्मीदवार को डराया–धमकाया और महासभा की जनसभा में तोड़-फोड़ किये गये। परिणामस्वरुप, महासभा के उम्मीदवार इतना भयभीत और हतोत्साहित हो गये कि फिर कोई और सभा करने का हिम्मत नहीं जुटा पा रहे थें। ऐसी स्थिति में श्यामा प्रसाद ने ख़ुद जनसभा सम्बोधित करने का निर्णय लिया। जैसे ही एक जनसभा को सम्बोधित करने के लिए उठे तो एक पत्थर उनके सिर में लगा जिससे काफ़ी खून बहने लगा। इससे सभा में उपस्थित लोग क्रोधित हो गये और पत्थर फेकने वालों पर टूट पड़े। इस घटना के शीघ्र बाद सुभाष चन्द्र बोस श्यामा प्रसाद मुकर्जी से मिले और कहा कि प्रतिद्वन्द्धी दलों की बैठकों में इस तरह का बधा उत्पन्न नहीं होना चाहिए।

चुनाव सम्पन्न हुए हिन्दू महासभा 50% वार्डो पर जीत दर्ज की। श्यामा प्रसाद मुकर्जी के शब्दों में–"यह एक बड़ी सफलता थी। हिन्दू महासभा की प्रतिष्ठा में ज़बरदस्त इज़ाफ़ा हुआ। हम लोगों ने सुभाष को हराया था जिसे गांधी के अनुयायी चुनौती देने से डरते थे। सुभाष अखिल भारतीय स्तर के महान नेता थे। लेकिन निगम को अपने नियन्त्रण में रखने की जिद ने उन्हें इस स्तर पर खींच लायी।"

सुभाष और श्यामा प्रसाद के बीच कुछ आपसी मित्रों के सहयोग से बात-चीत फिर शुरू हुए। दोनों के मकसद निगम का सेवा करना था। लेकिन सुभाष चन्द्र बोस के वजह से फिर गठबन्धन नहीं बन सका। श्यामा प्रसाद ने लिखा है–"सुभाष ख़ुद एल्डरमैन के रूप में निगम में आना चाहते थे और मुझे भी आने के लिए उन्होंने कहा। लेकिन मैंने मना कर दिया। मैंने उनसे कहा कि किसी भी नेता के लिए सब

जगह सत्ता हासिल करना गलत होगा। हमें कार्य को योग्य अनुयायियों के बीच विभाजित कर देना चाहिए और स्वयं बाहर से समन्वय का काम करना चाहिए। उनकी अपनी पसन्द-नापसन्द थी और अन्ततः वह हमसे अलग हो गया।"

इस दौरान श्यामा प्रसाद को मुस्लिम लीग के साथ काम करने का प्रस्ताव मिला। मुस्लिम लीग का मनोनीत सदस्यों पर नियन्त्रण था। श्यामा प्रसाद ने तुरन्त मना कर दिया। उनका मानना था कि किसी तात्कालिक संकीर्ण लाभ के लिए धुरविरोधी दलों के साथ जो एक दुसरे के एकदम विपरीत हो, से समझौता करना ठीक नहीं है। हिन्दू महासभा का मानना था कि मुस्लिम लीग के प्रभुत्व वाली सरकार से छुटकारा पाने के लिए वे लोग कड़ा संघर्ष कर रहे हैं और दूसरी ओर उसी मुस्लिम लीग के साथ निगम में सत्ता साझा करे। यह उनके लिए तो बुरा होगा ही, साथ ही साथ प्रदेश के लिए भी होगा।

सुभाष कांग्रेस का गठबन्धन हिन्दूमहासभा से नहीं हो पाया। इसलिए सुभाष चन्द्र बोस ने मुस्लिम लीग से बात शुरू की। सुभाष कांग्रेस और मुस्लिम लीग ने निगम में सत्ता साझा किया। सुभाष ने निगम पर नियत्रण रखने के लिए मुस्लिम लीग का मेयर बनावा दिया।

महासभा ने सुभाष लीग गठबन्धन का पूरा उपयोग किया। इसमें अधिकारिक कांग्रेस ने अपरोक्ष रूप से साथ दिया। अधिकारिक कांग्रेस इसलिए साथ नहीं दिया कि वह हिन्दू महासभा से लगाव था या सहमत था। वह इसलिए साथ दिया कि कांग्रेस को पता था सुभाष का आलोचना खुलेतौर पर महासभा ही कर सकती है और सुभाष अधिकारिक कांग्रेस के सबसे बड़े राजनितिक दुश्मन थे। क्योंकि सुभाष के वजह से अधिकारिक कांग्रेस बंगाल में कमज़ोर हो गयी थी। बंगाल में सुभाष का मतलब कांग्रेस कांग्रेस का मतलब सुभाष था। जब वही कांग्रेस के साथ नहीं थे तो स्वाभाविक था वहाँ कांग्रेस का कमज़ोर हो जाना। हिन्दू महासभा को अमृत बाज़ार पत्रिका और जुगान्तर जैसे अख़बार मदद करते थे। क्योंकि दोनों सुभाष के आलोचक थे। बंगाली दैनिक भारत भी हिन्दू महासभा को समर्थन करता था। क्योंकि इसके सम्पादक माखन सेन पूरी तरह सुभाष के ख़िलाफ़ रहते थे। अंग्रेज़ी अख़बार 'हिन्दुस्तान स्टैण्डर्ड' और 'आनन्द बाज़ार पत्रिका' का बहुत प्रभाव था, जिस पर सुभाष चन्द्र बोस और शरत चन्द्र बोश का नियन्त्रण था। हिन्दू महासभा निगम के अन्दर और बाहर जमकर सुभाष-लीग गठबन्धन की आलोचना किया करता था। जैसा हिन्दू महासभा और सुभाष कांग्रेस निगम के अन्दर और बाहर दोनों जगह आमने सामने होते थे। सुभाष कांग्रेस के समर्थक हिन्दू महासभा के बैठकों को भी

बाधित करने का कोशिश करते थे। कलकत्ता के टाउन हाल में हिन्दु महासभा ने मॉडर्न रिव्यु और प्रवासी के सम्पादक रामानन्द चटर्जी के अध्यक्षता में एक जन सभा का आयोजन किया। इस सभा को सुभाष चन्द्र बोस के समर्थक हेमप्रभा मजमूदार, लीला रॉय, नरेन्द्र नारायण चक्रवर्ती और दूसरो ने बैठक में बल प्रयोग कर बाधा डालने की कोशिश की। फलस्वरूप निर्मल चन्द्र चटर्जी, नेपाली रॉय और अन्य लोग घायल हो गये। दोनों एक दूसरे की राजनीति की जमकर आलोचना के आलावा एक दूसरे केनेताओं को भी तोड़ने का प्रयास करते थे। इसी दौरान सुभाष कांग्रेस ने हिन्दू महासभा के नेता बी.सी. चटर्जी को तोड़ लिया। सुभास और लीग ने एल्डरमैन के लिए निगम में उन्हें अपना संयुक्त उम्मीदवार बनाया। उस समय चटर्जी हिन्दू महासभा के महत्त्वपूर्ण नेताओं में थे। उनके इस धोखे से हिन्दू महासभा को बड़ा धक्का लगा था। हिन्दू महासभा ने उनपर अनुशासनात्मक करवाई करते हुए पार्टी से निष्कासित कर दिया। फिर भी निगम के अन्दर हिन्दू महासभा अल्पमत में रहते हुए भी निर्मल चन्द्र चटर्जी के नेतृत्व में एक ताकत बन गयी थी।

श्यामा प्रसाद 21 अक्टूबर 1944 को अपनी डायरी में लिखते हैं- " हमलोगों को , विशेषकर मुझेसुभाष के प्रति कोई व्यक्तिगत शिकायत नहीं थी। वास्तव में मेरे मन में उनके लिए प्रशंसा और स्नेह था, और सचमुच मै विश्वास के साथ कह सकता हूँ कि सुभाष के अलावा कोई दूसरा व्यक्ति इतना मेरे नज़दीक भारत के राजनीति में, विशेषकर बंगाल के राजनीतिक में नहीं आ सका। लीग के साथ अपने अदूरदर्शी और अपवित्र गठबन्धन के वजह से जनता के नज़र में बेनकाब हो गये थे। इसके लिए उन्हें सार्वजनिक आलोचना और उपहास झेलना पड़ा। सुभाष का जनता के नज़र में बहुत उच्चा स्थान था। गठबन्धन के वजह से इसमें काफ़ी गिरावट आया।" श्यामा प्रसाद आगे लिखते हैं–"उस स्थान को पुनः पाने के लिए सुभाष को कुछ करना था। होलेवेल स्मारक को ध्वस्त करने का उन्होंने एक आन्दोलन चलाया जिसकी वजह से उनकी गिरफ़्तारी हुई और जेल भेज दिए गये। फिर जेल से बीमारी के वजह से अस्थाई तौर पर रिहा हुए...26 जनवरी 1941 को वह रहस्यमय तरीक़े से आलिंगन रोड स्थित अपने आवास से गायब हो गये। अपनी गिरफ़्तारी के पहले उन्होंने काफ़ी उग्र भाषण भी दिया था और विश्वासियों से अपील की थी कि इंग्लैंड विश्व युद्ध के कारण फँसा हुआ है और यही सही अवसर है विद्रोह कर देने का। इस भाषण के लिए भी उन पर मुकदमा चलाया गया था लेकिन मामले की सुनवाई होने से पहले वह गायब हो गये थे। श्यामा प्रसाद ने लिखा है कि उनके

अचानक गायब होना एक रहस्य था। लोग तरह-तरह की अटकलें लगा रहे थे। किसी ने कहा कि उन्होंने आत्महत्या कर ली, किसी ने कहा कि जंगल में भाग गये, हिमालय चले गये। कुछ ने कहा कि जर्मनी से उन्होंने सम्पर्क स्थापित कर लिए हैं और बाहर जाने में सफल हो गये हैं। इन्हीं अटकलें और अफवाहों के बीच सुभाष चन्द्र बोस ने अचानक जर्मनी से जर्मन रेडियो से बात करना शुरू किया तो लोगों के आश्चर्य का ठिकाना नहीं था। जब मार्च 1942 में स्टैंड फॉर किड्स भारत में थे तो यह घोषणा की गयी कि सुभाष एक हवाई दुर्घटना में मारे गये। लेकिन तुरन्त इस बात का खण्डन किया गया और इससे इनकार किया गया। जो भी हो सुभाष का नाम आज अनोखे रोमाँटिक एडवेंचर से जुड़ा है वह व्यक्ति एक ऐसा देशभक्त था जो विदेशी शासन से बहुत नफरत करता था। वह अपने देश को आजाद देखने के लिए इतना उत्सुक था कि वह सभी तरह का जोखिम ले लिया और धुरी राष्ट्रों के साथ अपने को चिन्हित कर लिया। ...आज यह स्वीकार करना होगा कि सुभाष जैसे भी हो अपने समय के सर्व प्रमुख भारतीयों में से एक हैं जिनके लिए कोई भी साधन और तरीक़ा गलत नहीं था। जिससे उन्हें लगता था कि वह उससे वह अपने देश को आजादी के लिए ताकत प्राप्त कर सकते हैं तो वे प्राप्त करते थे। यदि इंग्लैंड युद्ध में जीतता है जिसकी सम्भावना ज़्यादा है तो यह सन्देह नहीं है कि वह सुभाष को भारत लौटने की अनुमति नहीं दे"। श्यामा प्रसाद लिखते हैं, "एक राष्ट्रीय नायक जो देश की आजादी के लिए निर्वासन में है, इस तरह सुभाष अपने देशवासियों से आह्वान करते हैं। आह्वान उनसे भी करते हैं जो उनके इस तरीक़े से सहमत नहीं हैं और उनसे भी जो सहमत है।" हो सकता है श्यामा प्रसाद सुभाष चन्द्र बोस के राजनीतिक तौर-तरीक़े से सहमत ना हो लेकिन वह सुभाष को बहुत बड़ा देशभक्त मानते थे।

सुभाष चन्द्र बोस और श्यामा प्रसाद मुकर्जी दोनों पारिवारिक मित्र थे। लेकिन दोनों दो धारा की राजनीति करते थे। श्यामा प्रसाद अस्वस्थ्य चल रहे थे। इसलिए पूर्ण रूप से आराम के उद्देश्य से 27 दिसम्बर 1945 को मधुपुर आये। आराम के दौरान ही 5 जनवरी 1946 को उन्होंने अपने स्टेनोग्राफर वरिदवरन से अपनी डायरी में सुभाष का देश के लिए योगदानो को याद करते हुए लिखवाया–"इस बीच, सुभाष बोस द्वारा निभाई गयी भूमिका कीचर्चा काफ़ी व्यापक हो गयी थी। इसने पुरे भारत को चौका दिया था। आज़ाद हिन्दफ़ौज जिसे उन्होंने बर्मा और दक्षिण एशिया के अन्य भागों में संगठित किया था, सभी भारतीयों के जानकारी में आ गयी थी। उनका यह कृत्य सभी भारतीयों को एहसास दिला दिया कि यह कितना साहस, देशभक्ति और संगठनिक दृष्टिकोण से कितना बड़ा अद्भुत कार्य रहा होगा। एक

समय पण्डित जवाहरलाल नेहरू ने घोषणा किया था कि जापान के सहायता से यदि सुभाष भारत आते हैं तो आवश्यकता पड़ी तो अकेले ही अपने हाथ में तलवार लेकर सुभाष के साथ लड़ेंगे। हालाँकि, जब नेहरू को एहसास हुआ कि सुभाष ने आजाद हिन्द फौज का गठन करके अद्‌भुत कार्य किया है तो धीरे-धीरे वह अपना विचार बदले और आजाद हिन्द फौज की सराहना करना शुरू किया।"

हिन्दू महासभा बंगाल में पार्टी को मज़बूत बनाने का काम जारी रखा था। श्यामा प्रसाद बंगाल का दौरा किया और हिन्दू महासभा के पक्ष में जनमत तैयार करने का काम किया। अलग निर्वाचन क्षेत्र पुणे समझौता की वजह से अल्पसंख्यक हिन्दू का कोई महत्त्व नहीं रह गया था। ग़ैर-आधिकारिक यूरोपीयों की संख्या कम होने के बावजूद उन्हें 25 सीटें दी गयी थी। पूना समझौता ने तो हिन्दुओं को विभाजित ही कर दिया था। ऐसी स्थिति देश को विभाजन की ओर झोंक रही थी, जो जो लीग का वास्तविक मनसा था।

1941 में ढाका में दंगे शुरू हो गये थे। इसी समय गवर्नर सर्जन हरबर्ट राजनीतिक दल के नेताओं का एक सम्मेलन बुलाया। इस सम्मेलन का उद्‌देश्य था कि ऐसी परिस्थितियों में साम्प्रदायिक सौहार्द को कैसे बेहतर किया जाये। इस पर श्यामा प्रसाद का कहना था कि जब तक एक सम्प्रदाय के प्रभुत्व वाली सरकार रहेगी, तब तक हम इन दंगों के मूल कारण को ख़त्म नहीं कर सकते हैं। केवल ऐसी गठबन्धन सरकार जो हिन्दुओं और मुसलमान के एक बड़े वर्ग का विश्वास उसपर हो वही दोनों समुदायों के बीच एक अच्छी भावना और समझ को प्रेरित करने में मददगार साबित हो सकती है। जब यह बैठक हो रही थी, तब पूरा ढाका दंगे की आग में जल रहा था। हिन्दुओं के तरफ से आरोप लगाया गया कि पुलिस उनके साथ भेदभाव कर रही है। और इन दंगों के मुख्य आरोपी सरकार के मुस्लिम मन्त्री हैं। इसी बीच मुख्यमन्त्री फजलुल हक ढाका के नवाब और मुस्लिम लीग के नेता ख़्वाजा शहाबुद्‌दीन ढाका पहुँचे श्यामा प्रसाद भी फजलुल हक के साथ ही एक निजी हवाई जहाज से, जिसे एक लोहिया नमक मारवाड़ी चला रहे थे, ढाका पहुँचे। ढाका के कमिश्नर ने श्यामा प्रसाद को ढाका में घुसने की अनुमति नहीं दी। फिर उन्होंने कमिश्नर को बताया कि वे ढाका जा रहे हैं, इसकी जानकारी गवर्नर को दी जा चुकी है और उस कमिश्नर को कोई अधिकार नहीं है कि उन्हें ढाका शहर में जाने से रोके। अन्त में कमिश्नर को श्यामा प्रसाद को अनुमति देनी पड़ी। श्यामा प्रसाद अपने चार-पाँच दिनों के ढाका प्रवास के दौरान राहत सामग्री का

व्यवस्था करवाया और ढाका के प्रशासनिक अधिकारियों पर दबाव बनाया कि वह पक्षपातपूर्ण ढंग से कार्य करना छोड़े।

इसी तरह 22 दिसंबर 1939 को जिन्ना ने मुसलमानों को 'मुक्ति दिवस' मनाने का आह्वान किया और यह अफवाह फैलाना शुरू किया कि किस तरह हिन्दू कांग्रेस के हाथों मुसलमानों का उत्पीड़न किया जा रहा है। लेकिन विडम्बना यह थी कि मुस्लिम लीग सरकार द्वारा बंगाल के अल्पसंख्यक हिन्दुओं के उत्पीड़न की चर्चा किसी ने नहीं किया। श्यामा प्रसाद ने 1940 के लाहौर प्रस्ताव, जिसे पाकिस्तान प्रस्ताव भी कहते है,का ज़िक्र करते हुए लिखा है कि कांग्रेस ने उस प्रस्ताव को महज स्टंट कहकर मज़ाक उड़ायी थी।

"मार्च 1940 में मुस्लिम लीग नेअपने लाहौर अधिवेशन में पाकिस्तान पर प्रस्ताव पारित किया। इस प्रस्ताव के रचनाकार फजलुल हक थे। काफ़ी समय से मुसलमान अपने को भारत के महत्त्वपूर्ण अल्पसंख्यक के रूप में तरह-तरह के अधिकरों की सुरक्षा की माँग कर रहे थे। ऐसी माँगें कई मामलों में अनुचित थीं औरभारत के राजनीतिक जीवन में साम्प्रदायिकता के सिद्धान्त को कायम रखने पर आधारित थे। लेकिन लाहौर में मुस्लिम लीगभारत में सबसे अच्छी संगठित मुस्लिम पार्टी के रूप में, माँग किया कि भारत को अलग-अलग सम्प्रभु क्षेत्रों के साथ विभाजित किया जाना चाहिए। जहाँ मुस्लिम बहुलता में हैं, वहाँ उनकी इच्छा अनुसार उन क्षेत्रों को एक साथ लाया जा सकता है। इस प्रस्ताव में इस बात पर ज़ोर दिया गया कि मुसलमान। एक अलग राष्ट्र हैं और उनकी अपनी मातृभूमि भारत में होनी चाहिए, जहाँ इस्लाम का झण्डा अपनी पूरी शान से लहराए। ये पाकिस्तान की माँग थी। सभी ज़िम्मेदार व्यक्ति, विशेष रूप से कांग्रेस ने इस विचार पर हँसते हुए कहा कि यह महज एक स्टंट है। हालाँकि बहुत जल्द ही यह विचार फैल गया और कट्टरपन्थियों ने इसे भारत के सभी हिस्सों में इस विचार को बढ़ावा दिया।"

हक की सरकार तीन वर्षों तक चली। लेकिन इस दौरान फजलुल हक मुस्लिम लीग के साथ सहज नहीं थे। धीरे-धीरे उनमे और मुस्लिम लीग में मतभेद ज़्यादा गहरे हो गये। फजलुल हक मुस्लिम लीग के नेता मुहम्मद अली जिन्ना के तानाशाही रवैया से उब गये। ऐसे भी मुलिम लीग के साथ उनका गठबन्धन स्वाभाविक भी नहीं था। इनकी कृषक प्रजा पार्टी मुस्लिम बहुलता वाली किसानो की पार्टी थी और लीग को बड़े-बड़े मुस्लिम ज़मींदारों और कट्टरपन्थियों का समर्थन था। इसलिए 1941 आते-आते यह गठबन्धन टूट गयी। फजलुल हक और दूसरी ओर नसीमुद्दीन और

सोहरावर्दी के बीच कोई प्रेम नहीं था। लीग ने अपने मंसूबे को पूरा करने के लिए हक को पूरा इस्तेमाल किया था। वास्तव में हक एक जन नेता थे, जिनके साथ जन समर्थन था। श्यामा प्रसाद लिखते हैं कि जो हक का दोस्त बनने का नाटक करता था, वह वास्तव में हक के दुश्मन थे। हक को 1941 के उत्तरार्ध में पता चला कि उनकी स्थिति कितनी खतरनाक बन गयी है। मुस्लिम लीग के नेता ख़्वाजा अहमद नजीमुद्दीन और सोहरावर्दी हक को बाहर करने की साजिश रच रहे थे और यूरोपीय समूह के साथ मिलकर सत्ता को कब्जा करना चाहते थे। जब ये सब चीज़े हक को पता चली तो वह ख़ुद सरकार से बहार आना चाहते थे। लेकिन साथ ही वह चाहते थे कि शरत बोस और कांग्रेस के विद्रोही ग्रुप के समर्थन से पुनः वह मुख्यमन्त्री बन जाये। इस लिए अपने सरकार के ख़िलाफ़ वे ख़ुद ही अविश्वास प्रस्ताव लाने की योजना बनायीं। इसमें शरत चन्द्र बोस और श्यामा प्रसाद मुकर्जी ने सहयोग दिया। श्यामा प्रसाद मुकर्जी किसी भी तरह मुस्लिम लीग को सरकार से बाहर करना चाहते थे। अगस्त 1941 को सरकार के ख़िलाफ़ अविश्वास प्रस्ताव प्रस्तुत किया गया। विधान सभा अध्यक्ष अजीजुल हक उस दिन बीमार पड़ गये। इनके जगह पर अशरफ को सदन की कार्यवाही के लिए अध्यक्ष बनाया गया। अशरफ ने प्रस्ताव प्रस्तुत करने की अनुमति दिए बिना ही सदन की कार्रवाई को स्थगित कर दिया। श्यामा प्रसाद के डायरी के अनुसार उस दिन सेकेंडरी शिक्षा बिल पर भी विचार किया जाना था। सदन के अन्दर काफ़ी हंगामा हुआ। किसी तरह हक सरकार को बचा लिया गया। फिर नवंबर में सरकार के अन्दर समस्याएँ शुरू हुई। मन्त्री एक दूसरे की निष्ठा को लेकर शक करने लगे और एक दूसरे पर आरोप प्रत्यारोप लगाने लगे। ऐसी अफवाहे उड़ी कि मुस्लिम लीग को गवर्नर हर्बर्ट से आश्वासन मिला था कि वह मुस्लिम लीग के नेतृत्व वाली सरकार बनवाने में मदद करेंगे। इसलिए लीग ने हक सरकार पर धोखा का आरोप लगा कर ख़ुद सरकार से बाहर हो गया।

इसी बीच 127 सदस्यों ने हक के समर्थन में हस्ताक्षर करने का निर्णय लिया। अधिकारिक कांग्रेस किरण शंकर रॉय का नेतृत्व लीग को समर्थन देने के पक्ष में नहीं था। लीग को उम्मीद था कि कांग्रेस उसे समर्थन देगी। हक के समर्थन में श्यामा प्रसाद मुकर्जी, शरत चन्द्रबोस ग्रुप वाली कांग्रेस थी। इस तरह हिन्दू महासभा शरत बोस के सर्थन से कृषक प्रजा पार्टी सरकार बनाने का दावा किया। इन लोगों ने गवर्नर हर्बर्ट को सन्देश दिया कि हर्बर्ट की इच्छा जो भी हो वह बहुमत की इच्छा की उपेक्षा नहीं कर सकते। अन्त में गवर्नर ने हक को सरकार बनाने की अनुमति दी।

1941 के दिसंबर की शुरुआत में जापान ने युद्ध की घोषणा कर दी। इस दौरान

10 दिसंबर को गवर्नर हरबर्ट ने हक को सरका बनाने के लिए बुलाया। शरतचन्द्र बोस सरकार की प्रशासनिक नीतियों में सुधार करना चाहते थे। इसलिए वह चाहते थे कि हक सरकार में गृह मन्त्री बने। लेकिन गवर्नर नही चाहता था कि शरतचन्द्र बोस सरकार में मन्त्री बने। जब गवर्नर ने शरतचन्द्र बोस को गृह मन्त्री बनाने से इनकार किया तो वह वित्त मन्त्री बनने के बारे में सोचे। गवर्नर ने श्यामा प्रसाद मुकर्जी को बुलाया और कहा कि शरद चन्द्र बोस से बात करे कि वह सरकार में मन्त्री ना बने। जबकि बोस अड़े हुए थे। श्यामा प्रसाद मुकर्जी ने शरतचन्द्र बोस को सुझाव दिया कि मैं और आप सरकार में पद नहीं लेते हैं। अपने पार्टी के लोगों को सरकार में मन्त्री बनवाते हैं। हालाँकि शरतचन्द्र बोस ने श्यामा प्रसाद के बातों से सहमत नहीं हुए। शरतचन्द्र बोस को लगता था कि वह सरकार में रहेंगे तो प्रशासनिक नीतियों में सुधार ला सकते हैं। इस वजह से 10 दिसंबर को सरकार नहीं बन पायी। यह सब चीज़े हो रही थी, तब तक अचानक भारत सरकार ने शरदचन्द्र बोस को गिरफ़्तार करने का निर्णय लिया। गिरफ़्तारी की बात शरद चन्द्र बोस को किसी खुफिया तन्त्र से प्राप्त हुयी। मन्त्रियों के नाम तैयार नहीं हो पाये थे, इसके वजह से सरकार का गठन पूर्ण नहीं हो सका था। शरद चन्द्र बोस चाहते थे कि किसी भी तरह सरकार बनायी जाये चाहे वह क्यों ना गिरफ़्ता रहो जाये। शरद चन्द्र बोस ने सुझाव दिया कि हक और श्यामा प्रसाद मुकर्जी सरकार के पहले मन्त्रीयों के रूप में शपथ लेऔर अन्य लोगों का नाम बाद में तय होगा। इधर ढाका के नवाबलीग के नेता नहीं चुने गये थे। उनकी जगह पर नजमुद्दीन को चुना गया। इससे काफ़ी नाराज़ थे। श्यामा प्रसाद मुकर्जी के अनुसार ढाका के नवाब काफ़ी प्यारे और सज्जन व्यक्ति थे, और असाम्प्रदायिक थे, उदार वृत्ति के थे। लेकिन पूरी तरह से अविश्वसनीय और सिद्धान्त से रहित थे। ये लीग छोड़कर कृषक प्रजा पार्टी और हिन्दू महासभा के गठबन्धन के साथ आ गये। शरदचन्द्र बोस ने सुझाव दिया कि हक, ढाका के नवाब और श्यामा प्रसाद मुकर्जी पहले मन्त्रियों के रूप में शपथ ले उसके बाद बाकियों का नाम का निर्णय किया जायेगा।

12 दिसंबर की तारीख़ शपथ ग्रहण के लिए तय हुई। उसके पहले 11 दिसंबर को शरत चन्द्र बोस को भारत सरकार के आदेश पर गिरफ़्तार कर लिया गया।

श्यामा प्रसाद ने अपनी डायरी में इस घटना का ज़िक्र करते हुए लिखते हैं–"जब दोपरह में मैं शरत चन्द्र बोस के घर गया तो शरत चन्द्र बोस ने ख़ुद अपने मुह से अपनी गिरफ्फ्तरी की बात बतायी। जब मैंने उनसे यह बात सुनी तो मुझे अपने जीवन का सबसे बड़ा झटका लगा। हक़ और मैं गवर्नमेंट हाउस गये और हर्बर्ट से

विनती किया कि उन्हें छोड़ दिया जाये। लेकिन शिष्टाचार के नाते उसने हम लोगों की बात सुनी। लेकिन उसने ऐसा करने में असमर्थता जताई, क्योंकि यह आदेश वायसराय द्वारा पारित था।"

फिर मुकर्जी और हक ने हर्बर्ट से कहा कि वायसराय के आने तक मतलब एक सप्ताह तक शरत चन्द्र बोस को उनके घर में हीनज़रबन्द रहने दिया जाये। इस माँग को भी अस्वीकार कर दिया गया। बहुत मुश्किल से उनलोगों ने हर्बर्ट से उसदिन घर से जेल में शिफ्ट करने से रोक पाये।

श्यामा प्रसाद लिखते हैं कि हम लोगों का सारा उत्साह ठण्डा पड़ गया। हम लोग असहाय और निराशा महसूस करने लगे। अगले दिन बोस को प्रेसीडेंसी जेल भेज दिया गया और यह नोटिफिकेशन जारी किया गया कि उनकी गिरफ़्तारी उनके जापान के साथ सम्पर्क के सन्देह में किया गया है।

मन्त्रालय का गठन अभी तक नहीं हो पाया था। चूँकि बोस की पार्टी से कोई नहीं था। बोस की पार्टी के बिना सरकार का एक दिन भी टिकना मुस्किल था। अगले दिन जेल में श्यामा प्रसाद की बोस से लम्बी बातचीत हुयी। साथ में हक भी थे। उन्होंने कहा कि उनकी पार्टी अपने नेता की गिरफ़्तारी को देखते हुए सरकार में शामिल होने के लिए अनिच्छुक हैं। हालाँकि उनकी पार्टी हक सरकार को बहार से समर्थन देने के लिए तैयार थी। बोस ने श्यामा प्रसाद से कहा कि इस पर आपके क्या विचार है। श्यामा प्रसाद ने कहा कि यदि बोस का ग्रुप सरकार में सक्रिय रूप से भागिदार नहीं होगा तो वह भी सरकार में शामिल नहीं होंगे। फिर बाद में तय हुआ की बोस ग्रुप से सरकार में दो मन्त्री शामिल होंगे। बोस ग्रुप से जो दो मन्त्री बनाये गये, उनका नाम था सन्तोष बोस और दूसरा प्रथमनाथ बनर्जी। प्रथमनाथ बनर्जी श्यामा प्रसाद मुकर्जी के दूसरी बहन के पति थे, जो बाद में 1945 से 1949 तक कोलकाता विश्वविद्यालय के उपकुलपति रहे। सरकार में दो मन्त्री अनुसूचित जाति से बनाए जाने थे। एक तो उपेन्द्रनाथ बर्मन को बनाया गया और दूसरा नामशूद्र समुदाय से हिन्दू महासभा से बनाया जाना था, जिस पर सहमति नहीं बनी। फलस्वरूप, हिन्दू महासभा से उस समय केवल श्यामा प्रसाद मुकर्जी ही सरकार मन्त्री बनाये गये। मुस्लिम समुदाय से अब्दुल करीम पर सहमति बनी। अब्दुल करीम एक सभ्य व्यक्ति थे, जो विधान परिषद के सदस्य थे। जिस दिन ये नाम गवर्नर के पास भेजे गये, उसी दिन रात्रि में श्यामा प्रसाद को गवर्नमेंट हाउस में वायसराय के भोज में आमन्त्रित किया गया था। वहाँ कोट पैंट पहन कर जाना था। श्यामा प्रसाद ने धोती

में जाने का आग्रह किया। लेकिन इस पर गवर्नमेंट हाउस सेआपत्ति थी। फल स्वरुप श्यामा प्रसाद ने विनम्रता पूर्वक उस रात्रिभोज में शामिल होने से मना कर दिया। अन्त में श्यामा प्रसाद को उस भोज में धोती में आने की अनुमति दी गयी।

इस तरह बहुत कम समय में सरकार का गठन दिसंबर 1941 में हो गया। लीग के प्रभुत्व वाली सरकार जाने से लोगों के मन में काफ़ी राहत थी, खासकर हिन्दुओं के मन में.क्योंकि 1937 से 1941 के बीच बंगाल के अल्पसंख्यक हिन्दुओं को काफ़ी हानि उठानी पड़ी थी। पिछली सरकार की नीतियों से समग्र बंगाल की प्रगति बाधित हुई थी। यह पहली ऐसी सरकार थी जो हिन्दू और मुस्लिम के संयुक समर्थन पर आधारित थी, जिसको एंग्लो इंडियन और भारतीय क्रिश्चियन का भी समर्थन था। नजीमुद्दीन के नेतृत्व में लीग के पास 40 सदस्य थे और इसके सहयोगी विधान सभा के यूरोपियन सदस्य थे। शरत बोस की अनुपस्थिति सरकार में काफ़ी महसूस की गयी। श्यामा प्रसाद के अनुसार शरत बोस गठबन्धन के लिए एक शक्ति थे। इसलिए उनकी अनुपस्थिति काफ़ी महसूस की गयी। लेकिन इससे उन लोगों का हौसला नहीं टूटा। बंगाल की खोई हुई स्थिति को वापस लाने के लक्ष्य वे एकजुट थे और दृढ़ संकल्पित थे। क्योंकि यह उनके लिए अवसर था। लेकिन इस अवसर में सबसे बड़ा बाधा नौकरशाही और गवर्नर का निष्ठुर रवैया था। ऐसे भी हम उस समय गुलाम राष्ट्र थे। इसलिए नौकरशाही से बहुत उम्मीद नहीं की जा सकती थी।

दिसंबर 1941 में ही एक दूसरी महत्त्वपूर्ण घटना घटी। वीर सावरकर के नेतृत्व में हिन्दू महासभा का अधिवेशन भागलपुर में होने वाला था। लेकिन बिहार सरकार गवर्नर चार्ल्स स्टुअर्ट बेले के दिशा निर्देश में समस्य पैदा करना शुरू कर दिया। ईद का त्योहार दिसंबर के अन्त में पड़ रहा था और सरकार उस दौरान हिन्दू महासभा को अपना अधिवेशन करने की अनुमति देने के लिए तैयार नहीं थी। हिन्दू महासभा के नेता सहमत नहीं थे कि सत्र को पूरी तरह से छोड़ दें या अगले महीने तक के लिए टाल दें। क्योंकि इसकी पूरी तैयारी हो चूकी थी। छोड़ना या अगले महीने तक के लिए स्थगित करना असुविधाजनक और अपमानजनक था। हिन्दू महासभा तारीख़ कुछ दिन आगे बढ़ाने के लिए तैयार थी, ताकि सत्र और मुस्लिम त्योहार आपस में न टकराएँ। लेकिन हिन्दू महासभा के इस प्रस्ताव को सरकार ने उसकी कमज़ोरी समझा। सरकार ने सत्र पर ही रोक लगाने का फैसला ले लिया। हिन्दू महासभा की अखिल भारतीय कार्य समिति ने यह तय किया कि प्रतिबन्ध के बावजूद सत्र आयोजित किया जाना चाहिए। तदनुसार व्यवस्था करने का आदेश दिया गया। उस समय श्यामा प्रसाद हिन्दू महासभा के राष्ट्रीय कार्यकारी अध्यक्ष थे

और बंगाल सरकार में मन्त्री भी थे। आम तौर पर यह सोचा गया कि श्यामा प्रसाद सरकार में है, इसलिए वह कलकत्ता में ही रहेंगे और इस प्रतिबन्ध का उल्लंघन करने का कोई प्रयास नहीं करेंगे। सत्र में भाग लेने के लिए भारत के सभी हिस्सों से प्रतिबन्ध का उल्लंघन करते हुए लोग भागलपुर आये। मुंबई से डॉ बालकृष्ण शिवराम मुंजे जो बालगंगाधर तिलक के साथ भी जुड़े थे, पूना से हिन्दू महासभा के नेता खापर्डे भागलपुर पहुचे। हिन्दू महासभा के अध्यक्ष वीर सावरकर को गया में ही गिरफ़्तार कर लिया गया। और दूसरे नेता या भागलपुर में गिरफ़्तार कर लिए गये या भागलपुर आते समय रास्ते में गिरफ़्तार कर लिए गये। सावरकर के गिरफ़्तारी के बाद श्यामा प्रसाद ने भागलपुर जाने का निर्णय लिया। इस बारे उन्होंने गवर्नर को सूचना दी और कहा कि यदि इस निर्णय से आपको कोई दिक्कत है तो मैं मन्त्री पद से त्याग-पत्र दे देता हूँ। गवर्नर ने श्यामा प्रसाद से त्याग-पत्र नहीं माँगा। लेकिन जैसे ही सबको पता चला कि प्रतिबन्ध के बावजूद श्यामा प्रसाद भागलपुर की ओर प्रस्थान कर रहे है तो हलचल मच गया। क्योंकि एक मन्त्री जो सरकार में पद पर हो अभी तक प्रतिबन्ध का उल्लघन नहीं किया था। श्यामा प्रसाद, मन्त्री होते हुए प्रतिबन्ध का उल्लंघन करने जा रहे रहे थे। श्यामा प्रसाद को विदा करने के लिए हावड़ा स्टेशन पर बहुत लोग इकठ्ठा हो गये। ट्रेन से भागलपुर के लिए रवाना हुए। रास्ते में ही कोलगोंग स्टेशन पर उनको पुलिस ने गिरफ़्तार करके ज़बरदस्ती उतार ली। कोलगोंग केडाक बंगला में ही सशस्त्र पुलिस के निगरानी में उनको रखा गया। इस घटना की चर्चा बात पूरे देश में फ़ैल गयी। इन सब घटनाओं से हिन्दू महासभा की इस सत्र को काफ़ी पब्लिसिटी मिली। इसमें हजारों लोग गिरफ़्तार हुए। भाई परमानन्द, गोकुलचन्द, मुँजे, खापर्डे, एन.सी. चटर्जी, राजा महेश्वर दयाल, हरिश्चन्द्र, केशव चन्द्र, मद्रास के वीनायडू, मेहर चंद खन्नाऔर बाक़ी सभी लोग एक साथ भागलपुर जेल में एक साथ थे। श्यामा प्रसाद को चार-पाँच दिनों के बाद रिहा कर दिया गया। बाक़ी लोग भी जनवरी के पहले सप्ताह में छोड़ दिए गये। कोलगोंग से श्यामा प्रसाद सीधे मधुपुर आये। भागलपुर और किऊल के रास्ते में हर जगह भारी भीड़ स्टेशन पर उनका स्वागत करने के लिए इन्तज़ार कर रही थी। भीड़ में काफ़ी उत्साह था।

बिहार में हिन्दू महासभा का आधार मज़बूत नहीं था। लेकिन भागलपुर की घटना को लेकर लोगों के बीच हिन्दू महासभा चर्चा का विषय हो गया था। हिन्दू महासभा के लिए बिहार में अपना पाँव ज़माने के लिए यह मौका अच्छा था। डॉ. मुकर्जी ने सवारकर से बिहार में प्रवास करने के लिए कहा ताकि उपजी परिस्थति

से हिन्दू महासभा का आधार तैयार हो सके। लेकिन इस मौको को हिन्दू महासभा ने गवां दिया। श्यामा प्रसाद के शब्दों में–"दुर्भाग्य से कुछ भी नहीं किया गया और हमने हिन्दू सभा का बिहार में अच्छी तरीक़े से बुनियाद रखने का महान अवसर खो दिया।" श्यामा प्रसाद मुकर्जी भागलपुर से मधुपुर चले गये।

इधर मन्त्री शरद चन्द्र से लगातार जेल में मिलने जा रहे थे। यह चीज़ हर्बर्ट को अच्छी नहीं लग रही थी। हर्बर्ट ने भारत सरकार की मदद से शरद चन्द्र बोस को दक्षिण भारत के जेल में स्थानान्तरण करवा दिया। जब यह घटना हुई तो उस समय श्यामा प्रसाद मुकर्जी मधुपुर में थे। हक सरकार के मन्त्रियों को इस बात की जानकारी अन्तिम क्षण में मिली। शरत चन्द्र को लगा कि निर्वाचित सरकार अर्थात हक सरकार उनकी मदद नहीं कर रही है। शरद चन्द्र ने अपने पार्टी के मन्त्रियों को त्याग-पत्र देने के लिए निर्देशित किया। लेकिन सच यह था की श्यामा प्रसाद सहित सारे मन्त्रियों को इस बात की जानकारी अन्तिम क्षण में मिली। संतोष बसु और ढाका के नवाब शरत चन्द्र बोस से मिलने मरकर गये जहाँ उनका रखा गया था। मिलने के बाद शरद चन्द्र बोस ने अपने निर्देश को स्थगित कर दिया। श्यामा प्रसाद स्वयं वायसराय के साथ-साथ गृह सदस्य मैक्सवेल से भी मिले और शरद बोस को रिलीज करने या जल्दी ट्रायल या बंगाल ट्राँसफर करने के बारे में बात किया। शरद चन्द्र बोस ने सरकार को पत्र लिखकर कहा कि यदि उनके ख़िलाफ़ कोई सबूत है तो वह पेश करें नहीं है तो उन्हें छोड़ दिए जाये। इस सम्बन्ध में श्यामा प्रसाद ने भारत के मुख्य न्यायाधीश मॉरिस गेवियर से भी बात की। लेकिन वायसराय और मैक्सवेल अडिग थे। इसलिए कुछ भी नहीं किया जा सका। श्यामा प्रसाद को यह आश्वासन दिया गया कि बोस के स्वास्थ्य का ख्याल सरकार रखेगी।

1941 में ढाका में भड़के भयानक दंगे शान्त हो चुके थे। लेकिन कई रूपों में अपने निशान छोड़ गये थे। बड़ी संख्या में अभियोजन अभी भी लम्बित थीं और भारी सामूहिक जुर्माना जो लगाये गये थे वे अभी बाक़ी था। श्यामा प्रसाद ,मुख्यमन्त्री फजलुल हक, ढाका के नवाब ढाका गये। वहाँ शहरी और ग्रामीण क्षेत्र में विभिन्न वर्गों के लोगों से मुलाकात की और सभाएं भी की.ढाका के नवाब ने अपने भाषण में स्पष्ट चेतावनी दिया कि नई सरकार किसी भी तरह की अन्याय सहन नहीं करेगी और असमाजिक तत्वों से निष्ठुरता से निपटेगी। श्यामा प्रसाद ने लिखा है कि उन लोगों का ढाका प्रवास काफ़ी सफल रहा। कलकत्ता लौटने पर, सज़ायाफ्ता लोगों को कैबिनेट के सर्वसम्मिति से चेतावनी के साथ माफ़ी दी गयी। लम्बित अभियोजन के व्यवहारिकता को देखते हुए वापस ले लिया गया। उसके बाद पूरे ढाका का

माहौल जादू की तरह बदल गया।

यह द्वितीय विश्व युद्ध का समय था। जापान आश्चर्यजनक ढंग से ब्रिटिश उपनिवेशों पर कब्जा करता चला जा रहा था। सिंगापुर जिसे अभेद माना जाता था, उसे भी जापान ने कब्जा कर लिया था। बंगाल सरकार के सामने बंगाल को जापान के सम्भावित आक्रमण से बचाना बड़ी चुनौती थी। लेकिन अंग्रेज़ों द्वारा बनाए गये भारतीय रक्षा नियम ने गवर्नर के अन्दर सचिव और जिला स्तर के सभी अधिकारी सीधे आते थे। यह चुनी हुई सरकार कीशक्ति काफ़ी कम कर दिया था। रक्षा मामलों में तो चुनी हुई सरकार की दख़ल और भी कम थी। इसलिए जापान के सम्भावित आक्रमण से बंगाल को बचाना श्यामा प्रसाद और फजलुल हक सरकार के लिए बड़ी चुनौती थी। भारत सरकार की नीतियों से यह स्पष्ट प्रतिलक्षित हो रहा था कि जापान के आक्रमण से ब्रिटिश सरकार कितना घबड़ा रही है। श्यामा प्रसाद और उनकी सरकार लगातार यह माँग कर रही थी कि बंगाल को सैन्य प्रशिक्षण और सैन्य सामग्री दी जाये ताकि आक्रमण की स्थिति में वे लोग अपनी रक्षा कर सके। भारत में बंगाल अपने भौगोलिक स्थिति के वजह से असुरक्षित था। श्यामा प्रसाद और उनकी सरकार की माँग को ब्रिटिश सरकार यह कहकर अस्वीकार कर देती थी कि उनके पास समय का अभाव है और प्रशिक्षकों की कमी है। श्यामा प्रसाद ने अपने डायरी में लिखा है कि असली कारण विश्वास की कमी थी। उस दौरान अधिकारियों को गुप्त निर्देश दिए गये थे कि नाकामी की स्थिति में बंगाल छोड़कर भाग जाये।

ब्रिटिश सरकार स्कॉच अर्थनीति के द्वारा दुश्मन के आक्रमण के समय उन सारी चीज़ों को नष्ट कर देना था, जो दुश्मन को युद्ध करने में सहायक हो। श्यामा प्रसाद ने वायसराय को पत्र लिखकर आग्रह किया कि नाव, साइकिल और आवागमन के अन्य माध्यमों को नष्ट नहीं किया जाये तथा कथित खतरे वाले क्षेत्र से हटाया नहीं जाये। उन्हें सक्रिय रहने दिया जाये। आक्रमण के स्थिति में ख़ुद ही अपने कर्मचारी उन्हें नष्ट कर देंगे। क्योंकि दुश्मन आक्रमण नहीं किया और हम पहले ही नष्ट कर दिए तो सरकार द्वारा थोपी गयी यह नीति बंगाल के सामाजिक-आर्थिक जीवन को तहस-नहस कर देगी। श्यामा प्रसाद के सलाह को अस्वीकार कर दिया गया। उनके इस व्यवहार को शत्रु के साथ सहानुभूति का संकेत माना गया। जापान का भारत पर तो आक्रमण नहीं हुआ। लेकिन ब्रिटिश सरकार की नीतियों ने 1943 में बंगाल को काल के मुँह में धकेल दिया। रोजमर्रा की चीज़े और अनाज ढोने वाले नाव सबको नष्ट कर दिया गया था। इस अस्वीकार की नीति से सबसे अधिक

प्रभावित मिदनापुर के लोग हुए करीब 10000 साइकिले और हजारों नावों को नष्ट कर दिया गया। द्वितीय विश्व युद्ध के दौरान ही स्टीफोर्ड क्रिप्स भारत आये। इसे क्रिप्स मिशन के नाम से भी जाना जाता है। स्टीफॉर्ड क्रिप्स लेबर पार्टी के सांसद थे। वह युद्ध में ब्रिटेन को साथ लाने में सफल हो गये थे। इसलिए उन्हें पूरा विश्वास था कि वह भारत का भी युद्ध में सहयोग लेने में सफल हो जायेंगे। जब मार्च 1942 में क्रिप्स भारत आये तो डॉक्टर श्यामा प्रसाद मुकर्जी से उनकी मुलाकात हुई। इसके पहले मुकर्जी क्रिप्स से दो बार मिल चुके थे। उन्होंने अपनी डायरी में लिखा है–

"हिन्दू महासभा की ओर से वीर सावरकर के साथ मुझे भी क्रिप्स से मिलने के लिए कहा गया। मैं क्रिप्स को जानता था। पहले भी क्रिप्स के साथ दो बार मिल चुका था। और उससे लम्बी बात हुई थी। वह तुरन्त रूस से सफल वार्ता करके लौटा था। उसका उसे घमण्ड था। मुझे वह बताया कि रूस के सफलता के बाद चर्चिल जितना लोकप्रिय हो गया है। उसने कहा कि यहाँ एक व्यक्ति है जो इंग्लैंड में बहुत महत्त्व रखता है। श्यामा प्रसाद ने चर्चिल की ओर इशारा किया। तब उन्हें रोकते हुए वह अपनी ओर इशारा किया। उसका कहना था कि वह इंग्लैंड के लिए बहुत महत्त्व रखता है। अब भारत पर निर्भर करता है, उसे बनाता है या बिगाड़ता है। उसने कहा कि यदि वह भारत के साथ डील करने में सफल हो गया तो पूरे ब्रिटिश साम्राज्य में उसकी बराबरी करने वाला कोई नहीं होगा।"

क्रिप्स मिशन भारत को प्रस्ताव रखा था कि वह भारत को डोमिनियन स्टेटस दिया जायेगा। वह किसी घरेलू या बाहरी सत्ता के अधीन नहीं रहेगी। अपनी इच्छा अनुसार ब्रिटिश राष्ट्रमण्डल से सम्बन्ध विच्छेद कर सकता है। युद्ध के बाद भारतीय संघ की स्थापना की जायेगी। वह अन्य अन्तरराष्ट्रीय संगठनों के साथ अपने सम्बन्ध स्थापित करने में स्वतन्त्र रहेगा। युद्ध के बाद संविधान के निर्माण हेतु संविधान निर्मात्री सभा का गठन किया जायेगा। जो प्रत्येक राज्य से विधानसभाओं द्वारा आनुपातिक प्रतिनिधित्व के आधार पर चुनकर आयेंगे और कुछ रियासतों द्वारा मनोनीत किये जायेंगे। यदि कोई प्रान्त या देशी रियासत भारतीय संघ में शामिल होने को इच्छुक नहीं होगा तो उसे अपना अलग संविधान बनाने की अनुमति दी जायेगी। ब्रिटिश सरकार संविधान बनाने वाले निकाय को सत्ता हस्तान्तरित करते समय इस बात का ध्यान रखेगी कि उसे संविधान में नस्लीय और धार्मिक अल्पसंख्यकों की रक्षा के लिए पर्याप्त प्रावधान हो। इस दौरान भारत की रक्षा की ज़िम्मेदारी ब्रिटिश सरकार की रहेगी और गवर्नर जनरल की शक्तियाँ यथावत बनी रहेगी।

श्यामा प्रसाद लिखते हैं कि उन्हें भारतीय संघ से अलग होने का अधिकार

देकर भारत को सम्भावित विभाजन की ओर धकेलना की बात मुझे ना पसन्द थी। श्यामा प्रसाद ने क्रिप्स से कहा कि आप भारत में जिसे आप महान। उपलब्धि कहते हैं–भारत को राजनीतिक रूप से एक करना–उसे ही आप अपने हाथों से तोड़ रहे हैं।

क्रिप्स को प्रस्ताव में कमियों का एहसास था। उसने श्यामा प्रसाद से कहा कि यह मुस्लिम लीग को शान्त करने के लिए ऐसा किया गया है। श्यामा प्रसाद ने लिखा है कि हिन्दू महासभा की सहमति और अहसहमति क्रिप्स के लिए बहुत महत्त्व नहीं रखता था। क्रिप्स मिशन अनुसूचित जनजाति के सम्बन्ध में पूरी तरह उदासीन था। वह रक्षा और वायसराय के वीटो पावर को लेकर कोई आश्वासन नहीं दे सका था। महासभा ने सबसे पहले क्रिप्स के प्रस्ताव को अस्वीकार किया। श्यामा प्रसाद ने अपने डायरी में चर्चा किया है–"हालाँकि क्रिप्स के प्रस्ताव में बहुत कुछ ऐसा था जिसे महासभा पसन्द करती थी। लेकिन हम किसी उस योजना के भागीदार नहीं हो सकते थे जिसमें भारत की विभाजन पर विचार किया गया हो और क्रिप्स का कहना था या तो योजना को पूर्ण रूप से उसे स्वीकार करना है या पूरी तरह अस्वीकार करना है। इस पर मैं क्रिप्स को दो टूक में कह दिया कि भारत की समस्या इतनी आसान नहीं है कि आप कह दे कि या तो ले लो या छोड़ दो। रूस में एक स्टालिन था। स्टालिन के साथ समझौता करना पूरे रूस के साथ समझौता करना था। भारत में बहुत छोटे-बड़े स्टालिन है। यहाँ किसी को अपने मिशन को सफल बनाने के लिए सावधानी से आगे बढ़ना होगा, बातचीत की सच्ची भावना से तानाशाही से नहीं। कांग्रेस ने भी क्रिप्स के प्रस्ताव को अस्वीकार कर दिया और उसके बाद लीग ने भी उसे अस्वीकार कर दिया।"

श्यामा प्रसाद इस सम्बन्ध में सरदार पटेल से वायसराय की कार्यकारी परिषद के सदस्य माधव श्रीहरि अणे के घर पर में मिले। पटेल ने श्यामा प्रसाद को आश्वासन दिया कि उनका ग्रुप कभी भी कांग्रेस को पाकिस्तान की माँग के लिए सहमत नहीं होने देगा। इस प्रकार क्रिप्स मिशन भारत का सहयोग पाने में असफल रहा। कांग्रेस पार्टी सब जगह अपने को सरकार से बाहर कर चुकी थी। लेकिन आन्दोलन शुरू करने के लिए अभी तैयार नहीं थी ब्रिटिश हुकूमत भी जीद पर पड़ी थी और सत्ता छोड़ने के लिए तैयार नहीं थी। अन्तिम समाधान वही क्रिप्स योज्ना था। जुलाई में श्यामा प्रसाद मुकर्जी दिल्ली गये गवर्नर हरबर्ट की अस्वीकार की नीति बंगाल को काल की ओर धकेल रही थी। जिस तरह से बंगाल में हरबर्ट नीतियाँ अपना रहा था, उससे श्यामा प्रसाद पूरी तरह असन्तुष्ट थे। जुलाई के अन्त में श्यामा प्रसाद की मुलाकात वायसराय लिंग लिंक से हुई। श्यामा प्रसाद ने पाया कि

वायसराय उस समय के राजनीतिक हालात को शक्ति से निपटने के लिए तैयार था। बंगाल के सम्बन्ध में यह पता चल कि वह हर्बर्ट की सीमाओं को अच्छी तरह से जानता था। इसलिए संविधान से बाहर जाकर वह कुछ करना नहीं चाहता था, चाहे बंगाल बर्बाद हो जाये। श्यामा प्रसाद ने वायसराय से कहा कि चुने हुए प्रतिनिधियों को शक्ति दी जानी चाहिए।

कोलकाता लौटते समय श्यामा प्रसाद इलाहाबाद में पण्डित जवाहरलाल नेहरू से मिले। उनसे बंगाल के सारी हालातो से अवगत कराया और बताया कि वह एक मन्त्री के रूप में अपने कर्तव्यों को निर्वहन करने के लिए कितना संघर्ष कर रहे हैं। जब श्यामा प्रसाद कोलकाता पहुँचे तो भारत छोड़ो आन्दोलन के लिए कांग्रेस पूरी तरह तैयार नहीं थी। अन्तिम निर्णय इस सम्बन्ध में महात्मा गांधी पर छोड़ चुकी थी। फजलुल हक ने श्यामा प्रसाद को बताया कि भारत सरकार के तरफ से गुप्त निर्देश आये हैं। उन्होंने गवर्नर को कैबिनेट की बैठक बुलाकर सारे निर्देश को कैबिनेट के समक्ष प्रस्तुत करने को कहा है। गवर्नर ने इस प्रस्ताव को अस्वीकार कर दिया था। बाद में पत्र द्वारा कहा कि जो मन्त्री सरकार के निर्देश से सहमत नहीं है वह त्याग-पत्र दे दें। इससे प्रशासन का कार्य आसान हो जायेगा। गवर्नर हर्बर्ट का इशारा श्यामा प्रसाद की ओर था। भारत सरकार का निर्देश था कि भारत छोड़ो आन्दोलन के आन्दोलनकारी के साथ शक्ति से पेश आया जाये। इस तरह का निर्देश का श्यामा प्रसाद विरोध करते, इसलिए गवर्नर भी आदेश सम्बन्धित महत्त्वपूर्ण दस्तावेज ज़िम्मेदार मन्त्रियों के साथ साझा नहीं करना चाहता था। प्रसाद ने अपनी डायरी में नोट किया है कि यह प्रादेशिक स्वतन्त्रता के साथ खिलवाड़ था। 8 अगस्त की रात में भारत छोड़ो आन्दोलन के नेताओं को गिरफ़्तार कर लिया गया। आन्दोलन शुरू होने से पहले ही नेताओं को गिरफ़्तार कर लिया गया था। और कैबिनेट की बैठक 9 अगस्त के सुबह में बुलाई गयी। श्यामा प्रसाद सहित और मन्त्रियों को इसका विरोध करने का मौका नहीं दिया गया। जब 9 अगस्त की सुबह कैबिनेट की बैठक बुलाई गयी तो श्यामा प्रसाद ने प्रश्न उठाया कि यह कदम उठाने से पहले उन लोगों से सम्पर्क क्यों नहीं किया गया। श्यामा प्रसाद ने माँग किया कि भारत सरकार का पत्र कैबिनेट बैठक के समक्ष प्रस्तुत किया जाये। श्यामा प्रसाद ने पाया कि पत्र उपलब्धि नहीं था। सारे मन्त्रियों ने जीद किया कि बिना भारत सरकार का दस्तावेज देखकर बैठक आगे नहीं बढ़ेगी। शाम तक के लिए बैठक को स्थगित कर दिया गया। मन्त्री गवर्नमेंट हाउस से जाने वाले ही थे कि अतिरिक्त गृह सचिव पोर्टल फाइल के साथ आये और मुख्यमन्त्री को सौंप दिया। मुख्यमन्त्री ने उस फाइल को

श्यामा प्रसाद मुकर्जी को दे दिया। श्यामा प्रसाद मुकर्जी ने फाइल को घर लाकर ध्यान से पढ़ा उसमें यह साफ़ था कि कांग्रेस के आन्दोलन के पहले सरकार दमन का अभियान शुरू कर देगी। दस्तावेज में कहा गया था कि इलाज से परहेज बेहतर है। सरकार को विद्रोह का पूर्वानुमान था। इसलिए इससे शुरुआती में ही शक्ति से निपटने के आदेश दिए गये थे। श्यामा प्रसाद ऐसी स्थिति में अपने को असहाय पा रहे थे। उन्हें लग रहा था कि जब नौकरशाही के हाथ का कठपुतली ही बनना है तो मन्त्री के तौर पर काम करना ही बेकार है। इन सब घटनाओं को लेकर मुख्यमन्त्री के घर पर बैठक हुई लेकिन बिना किसी निर्णय का बैठक समाप्त हो गया। मन्त्री त्याग-पत्र देने के पक्ष में नहीं थे और श्यामा प्रसाद पर भी त्याग-पत्र नहीं देने का दबाव बनाया गया। शरत बोस के पार्टी के मन्त्री सन्तोष बोस ने तर्क दिया कि शरद बोस के गिरफ़्तारी पर किसी ने त्याग-पत्र नहीं दिया था तो अब क्यों देंगे। हर्बर्ट को उम्मीद थी कि श्यामा प्रसाद त्याग-पत्र दे देंग तो उसका हर्बर्ट का कार्य और आसान हो जायेगा। इसलिए उसने मन्त्रियों से स्पष्ट कह दिया था कि यह भारत सरकार का फैसला है और यह बदलने वाला नहीं है। दूसरी ओर हर्बर्ट ताक में था कि श्यामा प्रसाद और अन्य मन्त्री त्याग-पत्र दें और वह मुस्लिम लीग के नेतृत्व वाली सरकार बंगाल में बनवा दे। श्यामा प्रसाद ने हरबर्ट की चाल को देखते हुए फैसला किया कि वह त्याग-पत्र नहीं देंगे और वायसराय को पत्र लिखेंगे। 12 अगस्त को श्यामा प्रसाद ने वायसराय को पत्र भेजा। उसमें लिखा कि कांग्रेस की माँग पूरे भारत की माँग है या काफ़ी अफसोस जनक है कि कांग्रेस के माँग को विदेशी मीडिया में यह प्रचारित किया जा रहा है कि यह जापान का भारत में निमन्त्रण है। श्यामा प्रसाद ने पत्र में लिखा कि वह वायसराय को भारत के प्रति यथार्थवादी दृष्टिकोण अपनाने की ज़रूरत हैं। दुनिया में बदलती परिस्थितियों के मध्य नज़र रखते हुए भारत की परिस्थितियों पर ध्यान देना होगा। भारत में प्रशासन की वर्तमान प्रणाली से कोई सन्तुष्ट नहीं है। इसलिए भारत की समस्याओं के समाधान के लिए यथाशीघ्र सत्ता का स्थानान्तरण भारतीयों के हाथ में देना अनिवार्य है। और कांग्रेस के भी माँग का निष्कर्ष यही है। श्यामा प्रसाद ने वायसराय से अनुरोध किया था कि यह पत्र ब्रिटेन के प्रधानमन्त्री और स्टीफोर्ड क्रिप्स को अग्रसारित कर दिया जाये। मुकर्जी को इस पत्र का कोई जवाब नहीं मिला।

पूरा देश विद्रोह की स्थिति में था सड़क रेल और दूसरे संचार के माध्यमों को तहस-नस कर दिए गये थे। ऐसी स्थिति उत्पन्न हो रही थी कि ऐसा लगता था कि प्रशासन और पुलिस लोगों इच्छा के सामने समर्पण कर देगा। श्यामा प्रसाद लिखते

हैं कि आन्दोलन के पहले नेता गिरफ़्तार कर लिए गये थे। कई जगह आन्दोलन स्वत:स्फूर्त था। ऐसा लग रहा था कि प्रशासन को लकवा मार देगा। बंगाल में हम लोगों का निर्देश था कि पुलिस बल प्रयोग नहीं करें। लेकिन अंग्रेज़ी प्रशासन ने निर्देश का अवहेलना करते हुए वेलिंगटन चौक पर छात्रों के प्रदर्शन पर लाठी चार्ज कर दिया। श्यामा प्रसाद समझ नहीं पा रहे थे कि मुख्यमन्त्री के निर्देश का पुलिस ने कैसे उल्लंघन किया। बल प्रयोग के पहले मुख्यमन्त्री को सूचित क्यों नहीं किया गया। विधानसभा में मुख्यमन्त्री हक जो गृह मन्त्री भी थे, ने बताया कि पुलिस द्वारा 21 लोगों को मारा गया है। दरअसल प्रशासन पर अधिकारी और गवर्नर का नियन्त्रण हो गया था मुकर्जी ने गवर्नर के सचिव कार्टर को फोन लगाया और पूछा की लाठी कैसे चार्ज की गयी। गवर्नर का सचिव ने बताया कि विद्यार्थियों ने एक एंबुलेंस को जला दिया था। पुलिस अपना आपा खो बैठी और लाठी चार्ज कर दिया लेकिन मुकर्जी ने इंक्वारी की तो पता चला कि इस तरह की कोई ऐसी घटना नहीं हुई है, ना ही कोई सबूत है जिससे यह पता चलता हो कि विद्यार्थियों ने एंबुलेंस को जलाया है। श्यामा प्रसाद ने पुलिस कमिश्नर से जवाब माँगा। उनके अनुसार पूरे प्रकरण में मुख्यमन्त्री जो कि गृह मन्त्री भी थे, की अनदेखी की गयी। मुकर्जी लिखते हैं–"बंगाल आग में जल रहा था। कोलकाता पुलिस द्वारा दमन और गोलीबारी का साक्षात गवाह बना। धीरे-धीरे आन्दोलन कोलकाता के बाहर भी फैलने लगा था। अनेक निर्दोष लोगों की जाने गयी। हम लोग इस मामले में पूरी तरह असहाय थे"।

इसी बीच हिन्दू महासभा की बैठक इस पूरे राजनीतिक स्थितियों की समीक्षा के लिए दिल्ली में बुलाई गयी। बैठक में सरकार की दमनकारी नीतियों का कठोर निन्दा किया गया। श्यामा प्रसाद लिखते हैं कि दिल्ली जाते समय रेलवे स्टेशनों की स्थिति और आसपास के क्षेत्र की स्थितियों से यह पता चल रहा था कि आन्दोलन कितना भयानक था। श्यामा प्रसाद लिखते हैं कि यदि आन्दोलन कुछ दिन और चला होता तो पूरा प्रशासन पंगु हो गया होता। बैठक में यह घोषणा की गयी थी भारत को कोई तलवार के बल पर नियन्त्रण नहीं कर सकता। महासभा गिरफ़्तार नेताओं को तुरन्त छोड़ने की माँग की। श्यामा प्रसाद ने हिन्दू महासभा को भी आन्दोलन में कूदने का सुझाव दिया। सावरकर इससे पहले सहमत नहीं हुए। उनका मानना था कि यदि हिन्दू महासभा भी शामिल हो जायेगी आन्दोलन में तो इकलौती मुस्लिम लीग राजनीतिक पार्टी के रूप में बचेगी और मुस्लिम लीग इसका नाजायज फायदा उठाएगी। कहीं इसका वह फायदा उठाकर देश का विभाजन न करवा दे।

श्यामा प्रसाद दिल्ली से कोलकाता लौटते समय इलाहाबाद स्टेशन पर महात्मा

गांधी से मिले। महात्मा गांधी मुंबई के लिए प्रस्थान कर रहे थे। महात्मा गांधी ने श्यामा प्रसाद को सुझाव दिया कि वह आन्दोलन में शामिल न हो कुछ ऐसे लोग होने चाहिए जब कांग्रेस के नेता जेल में हो तो उस समय देश का नेतृत्व कर सके।

भारत छोड़ो आन्दोलन 9 अगस्त से शुरू होकर 21 सितंबर तक चला। गिरफ़्तार छात्रों की पढ़ाई बाधित न हो इसके लिए श्यामा प्रसाद ने जेल में आन्दोलनकारी छात्रों की पढ़ाई की व्यवस्था करवाई। मुकर्जी को सितंबर के अन्त में वायसराय को लिखे पत्र का जवाब आया जैसा की अनुमान था, उस स्तर पर वायसराय कुछ नहीं कर पाये। श्यामा प्रसाद मुकर्जी ने त्याग-पत्र देने का मन बनाया। श्यामा प्रसाद ने सोचा कि आख़िर ऐसा कब तक चलता रहेगा। चुनी हुई सरकार को दरकिनार करके गवर्नर ने भारत छोड़ो आन्दोलन में लोगों को प्रताड़ित किया। व्यावहारिक दृष्टि से गवर्नर और उसके नौकरशाह की फौज ही प्रान्त पर शासन कर रहे थे। जो भी कैबिनेट अनुशंसा करती थी, उसको गवर्नर द्वारा अस्वीकार कर दिया जाता था।

ये सब बाते श्यामा प्रसाद के मन में चल रहा था कि उसी दौरान 16अक्टूबर 1942 को मिदनापुर में भयंकर चक्रवात आया। जो हजारों जीवन को तहस-नहस कर दिया। लोगों के ऊपर कष्ट का पहाड़ टूट गया और भारत छोड़ो आन्दोलन में पहले ही मिदनापुर के लोगों को प्रशासन ने काफ़ी प्रताड़ित किया था। युद्ध के समय अस्वीकार की नीति (Denial Policy) भी मिदनापुर के अर्थव्यवस्था को तहस-नस कर चुका था। आन्दोलन के समय कलेक्टर एन। एम खानका व्यवहार काफ़ी आतंकित करने वाला रहा था। अब चक्रवात ने प्रशासन के लिए एक और अच्छा बहाना दे दिया लोगों से बदला लेने का। मदद की जगह पर प्रशासन द्वारा लोगों को प्रताड़ित किया जा रहा था। श्यामा प्रसाद मिदनापुर पहुँचे तो लोगों की दशा देखकर उनकी आँखों में आँसू आ गयी। श्यामा प्रसाद के निर्देशों का पालन करने से एन. एम. खानने मना कर दिया। उसने श्यामा प्रसाद द्वारा निजी तौर पर दी जाने वाली सहायता भी देने से मना कर दिया। इस तरह मिदनापुर की घटना श्यामा प्रसाद को त्याग-पत्र देने का तत्कालीन कारण बना। उन्होंने महसूस किया कि अब समय आ गया है, सरकार से बाहर आकर अंग्रेज़ों और उनके भारत में सन्तों के नीति का विरोध करने का।

12 अगस्त 1942 को लिखें पत्रिका वायसराय द्वारा जवाब और मिदनापुर की स्थिति ने मुकर्जी को त्याग-पत्र देने के लिए बाध्य कर दिया। मुख्यमन्त्री हक के मना किया। लेकिन मुकर्जी ने हक को आश्वासन दिया कि उनकी सरकार का उनका हमेशा समर्थन मिलता रहेगा। गवर्नर ने मुकर्जी के इस्तीफ़ा को 20 नवंबर

को कोलकाता में स्वीकार कर लिया। इस तरह दिसंबर 1941 से शुरू हुआ श्यामा प्रसाद मुकर्जी के मन्त्री पद का कार्यकाल एक वर्ष पूर्ण होने के पूर्व ही 20 नवंबर 1942 को समाप्त हो गया।

बंगाल कैबिनेट से त्याग-पत्र देने के तुरन्त बाद ही ढाका में भयंकर दंगा शुरू हो गया। यह दंगा गवर्नर और प्रशासन के मिली भगत का नतीजा था। प्रेस को दंगे के सम्बन्ध में किसी भी तरह का समाचार छापने से मना कर दिया गया था। जब श्यामा प्रसाद को पता चला तो उन्होंने ढाका जाने का निर्णय लिया पहले तो ब्रिटिश मुख्य सचिव ने उनको ढाका जाने के लिए अनुमति देने से मना कर दिया। लेकिन जब श्यामा प्रसाद ने जीद किया तो उन्हें अनुमति दे दी गयी। एक हवाई जहाज में नजमुद्दीन और दूसरे मन्त्रियों को लेकर ढाका जा रही थी। गवर्नर ने उन्हें उस हवाई जहाज में जाने की अनुमति दी। लेकिन मुकर्जी जैसे एरोड्रम पहुँचे हवाई जहाज जा चुका था। वास्तव में यह सरकार का तरीक़ा था श्यामा प्रसाद को जाने से रोकने का। लेकिन श्यामा प्रसाद भी नहीं माने। वह एक छोटी निजी मोनोप्लेन से ढाका पहुँच गये। जब वह ढाका पहुँचे तो ब्रिटिश डिप्टी कमिश्नर ने उन्हें सुरक्षा कारण का हवाला देक शहर में जाने से मना कर दिया और उसने कहा कि वह उन्हें पुलिस सुरक्षा भी नहीं दे पायेगा। लेकिन श्यामा प्रसाद दंगे से प्रभावित लोगों के बीच जाने के लिए कृत संकल्पित थे। इसलिए कमिश्नर के रोकने से भी नहीं माने और शहर में पहुँचकर सीधे ढाका के नवाब जो उस समय बंगाल मुस्लिम लीग के अध्यक्ष थे, के महल में पहुँच गये। नवाब के ही महल में पूरे दंगे की योजना बनी थी। श्यामा प्रसाद के इस साहसिक कदम को जनता ने काफ़ी तारीफ़ की। जब कोलकाता पहुँचे तो वहाँ वह मीडिया को बताना चाहते थे कि ढाका में क्या हुआ। लेकिन अंग्रेज़ी हुकूमत ने मीडिया को इस मुद्दे को उठाने से प्रतिबन्ध लगा दिया था। तब श्यामा प्रसाद ने इस मुद्दे को विधानसभा में उठाया और जानकारी दी कि वहाँ क्या हो रहा है। विधानसभा की कार्यवाही से इस मुद्दे को मीडिया ने भी उठा लिया। श्यामा प्रसाद ढाका दंगे के मुद्दे पर स्थगन प्रस्ताव लाना चाहते थे। इसके लिए उन्हें एक न्यूनतम संख्या में विधायकों का समर्थन का ज़रूरत था। उन्होंने कांग्रेस का समर्थन लेने के लिए तत्कालीन कांग्रेस अध्यक्ष मौलाना आजाद को कहा कि आप अपने विधायकों को निर्देश दे कि स्थगन प्रस्ताव का समर्थन करें। लेकिन मौलाना आजाद ने आज अस्वीकार कर दिया। फिर श्यामा प्रसाद महात्मा गांधी को इस मुद्दे पर पत्र लिखा। महात्मा गांधी ने मौलाना आजाद को आदेश दिया कि वह बंगाल के विधायकों को निर्देशित करें कि श्यामा प्रसाद का समर्थन करें। फिर कांग्रेस विधायक

के समर्थन से स्थगन प्रस्ताव विधानसभा में आया और पूरे देश को पता चला कि ढाका में क्या हुआ था। सरकार भी वहाँ शान्ति स्थापित और दोषियों को सज़ा देने के लिए बाध्य हुई।

1943 का बंगाल का अकाल

1943 की शुरुआत में बंगाल भयंकर अकाल के गिरफ़्त में आ गया। इस अकाल के बहुत से कारण थे। लेकिन मुख्य कारण अक्टूबर 1942 में आया चक्रवात और अंग्रेज़ी हुकूमत की अस्वीकार की नीति थी। चक्रवात ने धान के फसल को पूरी तरह बर्बाद कर दिया था। जापान के आक्रमण के भय से अंग्रेज़ी हुकूमत ने 'अस्वीकार की नीति' के तहत वर्मा से चावल की आपूर्ति बन्द कर दी थी। क्योंकि संचार के सारे साधन को अंग्रेज़ी हुकूमत ने तहस-नस कर दिया था। यह सब परिस्थितियों 1943 के प्रारम्भिक वर्षों में बंगाल को भयंकर अकाल की ओर ले गयी। इस अकाल के मुद्दे को फजलुल हक सरकार ने फरवरी के अन्त में विधानसभा में उठाया। उसमें उन्होंने बताया कि यह अकाल 25% चावल की आपूर्ति के कमी के वजह से आयी है। गवर्नर ने फजलुल हक सरकार को मार्च में बर्खास्त कर दिया। उसकी जगह पर मुस्लिम लीग की सरकार को बैठा दिया। नई सरकार ने वक़्तव्य जारी किया कि अनाज की कमी आपूर्ति के वजह से नहीं हुई है, बल्कि व्यापारियों द्वारा जमाखोरी के वजह से हुई है। जमाखोरी का कारण पूरी तरह से गलत कारण था। इस काल में लाखों लोग भोजन के अभाव में मारे गये। इतने ही संख्या में लोग बीमारी और कुपोषण से भी मारे गये। सर्दियों में कपड़ों की कमी के वजह से भी हजारों की संख्या में लोगों की मृत्यु हो गयी।

श्यामा प्रसाद ने बड़े पैमाने पर राहत सामग्री पूरे देश से इकट्ठा करने का निर्णय लिया तथा साथ-साथ बंगाल के प्रशासन को भी एक्सपोज करना उनका मकसद था। श्यामा प्रसाद ने नेताओं, व्यापारियों और समाज सेवियों से सम्पर्क साधा। इसके पश्चात एक राहत समिति बनायी गयी। इस राहत समिति के अध्यक्ष बद्री दास गोयन का, इसके उपाध्यक्ष डॉक्टर श्यामा प्रसाद मुकर्जी को बनाया गया। हिन्दू महासभा के अन्दर भी एक राहत समिति बनायी गयी। दोनों समितियाँ का देखरेख का कार्य श्यामा प्रसाद ने किया। देश के कोने-कोने से लोगों ने श्यामा प्रसाद को सहयोग राशि भेजना शुरू कर दिया। इसके बाद आर्य समाज, मारवाड़ी समाज और रामकृष्ण मिशन भी राहत कार्यों में लग गये। काफ़ी राहत समितियाँ बन गयी। फिर राहत समितियाँ के बीच समन्वय के दृष्टिकोण से एक समन्वय समिति

गठित की गयी, जिसके अध्यक्ष सर बद्रीदास गोयनका को और उपाध्यक्ष श्यामा प्रसाद मुकर्जी बने।

भारत के बँटवारे का विरोध करने वाले श्यामा प्रसाद मुकर्जी बंगाल के अकाल पीड़ितों के सहायता में व्यस्त थे और कांग्रेस नेता भारत छोड़ो आन्दोलन में गिरफ़्तार हो चुके थे। इस मौके का फायदा उठाकर मोहम्मद अली जिन्ना ने अंग्रेज़ों की सहायता से पाकिस्तान के बँटवारे को लेकर अपनी स्थिति को मज़बूत बना लिया। ब्रिटिश हुकूमत भी मुस्लिम नेता के तौर पर मुहम्मद अली जिन्ना को ही मान्यता देती थी और जो मुस्लिम नेता जिन्ना के नीतियों के पक्ष में नहीं थे, उन्हें अंग्रेज़ मुसलमानों का नेता नहीं मानते थे।

हिन्दू महासभा का अमृतसर अधिवेशन

दिसंबर 1943 में हिन्दू महासभा का अमृतसर में अधिवेशन हुआ। इस अधिवेशन में सावरकर ने हिन्दू महासभा के अध्यक्ष पद से अपना नामाँकन वापस करने का मन बनाया। लेकिन अन्त में उन्होंने अपनी उम्मीदवारी क्रो जारी रखा। हालाँकि अधिवेशन में वह अमृतसर नहीं आये थे। श्यामा प्रसाद को इस अधिवेशन की अध्यक्षता करनी पड़ी थी। अधिवेशन से पहले श्यामा प्रसाद पूरे भारत में भ्रमण किये थे। उन्होंने बहुत ही बढ़िया प्रतिक्रिया जनता में पायी थी। इसलिए अमृतसर अधिवेशन में काफ़ी भीड़ हुई। कुछ समय तो ऐसा लगा कि लोगों को नियन्त्रित करना मुश्किल है। लेकिन श्यामा प्रसाद की सूझबूझ से अधिवेशन बहुत सफल रहा। श्यामा प्रसाद अपनी डायरी में लिखते हैं कि लोगों ने हमारे दृष्टिकोण को सहमति दी, लेकिन वे सीधा कार्रवाई चाहते थे। हमारा पुराना नेतृत्व सीधी कार्रवाई के पक्ष में नहीं होते थे। द्वितीय विश्व युद्ध बंगाल का अकाल और आन्तरिक परेशानियाँ उन दिनों सीधे कार्रवाई के कदम को उठाने के रास्ते में व्यवधान बन गये थे।

1944 में ऐसी अफवाह फैली कि गांधी जी ने जिन्ना के माँग के आगे समर्पण करने जा रहे हैं। उस समय तक महात्मा गांधी जेल से रिहा हो गये थे। गांधी जी के रिहाई के शीघ्र ही बाद सर बद्री दास गोयन का और नलिनी रंजन सरकार गांधी जी से मिलने मुंबई गये। मुकर्जी ने विशेष कर गांधी जी को यह सुझाव देने के लिए कहा था कि मुस्लिम लीग के तुष्टीकरण का किसी भी स्तर पर प्रयास नहीं करना चाहिए और कांग्रेसी नेताओं के रिहाई के पूर्व विशेषकर बंगाल के सन्दर्भ में कोई वायदा नही की जानी चाहिए। दोनो नेताओं ने गांधी जी से मिलकर कलकत्ता लौटकर बताया कि गांधी जी ने विश्वास दिलाया है कि इन मुद्दों पर कोई समझौता मुस्लिम

लीग से नहीं होगा। उसी समय दिल्ली में हो। रहे हिन्दू महासभा की कार्यकारिणी में सावरकर ने सन्देह व्यक्त किया तो श्यामा प्रसाद ने कहा कि उन्हें अन्दर की खबर है कि ऐसी समझौते की कोई सम्भावना नहीं है।

श्यामा प्रसाद महासभा की कार्यकारिणी से जब दिल्ली से रवाना हुए तो उन्हें चौका देने वाली खबर मिली। वह खबर थी कि बँटवारे की प्रसिद्ध सी। आर। राजगोपालाचारी फॉर्मूला को महात्मा गांधी द्वारा गुप्त तरीक़े से सहमति दे देने की। हालाँकि, जब महात्मा गांधी 1942 में पुणे में भूख हड़ताल पर थे उसी समय जिन्ना इस फार्मूले के आधार पर अलग पाकिस्तान के माँग पर बातचीत शुरू कर दिया था। रास्ते में ही प्रयाग (इलाहाबाद) में श्यामा प्रसाद ने वक़्तव्य जारी करके इस मुद्दे पर अपना विरोध प्रकट किया और कहा कि यह समर्पण है और धोखा भी है। कोलकाता लौटकर मुकर्जी ने बँटवारे के विरोध में जनमत तैयार करने की कोशिश की। लेकिन उन्होंने पाया कि जनमत तैयार करने वाले नेताओं का ही मन परिवर्तित हो चुका था। कम्युनिस्ट पार्टी जो भारतीय राष्ट्रवाद के बुनियाद पर ही हमला करने में शर्म की सारी हदे पार कर जाती थी, राजगोपालाचारी के कदम की प्रशंसा कर रही थी।

हिन्दू महासभा की इस सम्बन्ध में पहली बैठक जो कोलकाता विश्वविद्यालय में आयोजित हुई थी उस बैठक को कम्युनिस्ट पार्टी ने खलल डालकर भंग कर दिया। श्यामा प्रसाद मुकर्जी अगस्त 1944 में तिलक जयन्ती के अवसर पर उद्घाटन भाषण के लिए पुणे गये। मुकर्जी को सुनने के लिए वहाँ काफ़ी भीड़ इकट्ठा हुयी थी। वहाँ सम्बोधन के दौरान श्यामा प्रसाद ने महात्मा गांधी के नये कदम की निन्दा की और कहा किया यह हिन्दुओं और देश के हित के लिए हानिकारक है। कोलकाता लौटते समय श्यामा प्रसाद की मुलाकात वर्धा में गांधी जी से हुई। वहाँ राजगोपालाचारी भी उपस्थित थे। गांधी जी से वहाँ उनकी लम्बी बातचीत हुई। उन्होंने गांधी जी को सजग किया कि उनकी पेशकश से जिन्ना कभी सहमत नहीं होंगे। मैंने उन्हें चेतावनी दी कि जिन्ना उनकी पेशकश पर कभी सहमत नहीं होंगे और इस तरह के आत्मसमर्पण से भारतीय एकता और राष्टवाद कमज़ोर होगी।

लाहौर प्रस्ताव जो की अलग पाकिस्तान की माँग थी, महात्मा गांधी और कांग्रेस ने स्वीकार कर ली थी। लेकिन महात्मा गांधी का पाकिस्तान को लेकर अलग तरह का पेशकश थी, जिसे जिन्ना ने नहीं माना। श्यामा प्रसाद अपनी डायरी में लिखते हैं–"कुछ ही हफ्तों में गांधी और जिन्ना की बैठक मुंबई में हुई और जिन्ना के सामने गांधी का घोर समर्पण और समझौता, हम लोगों के सामने बहुत ही दुखद और अपमानजनक के दृश्य था। जिन्ना गांधी की बात पर सहमत नहीं हुआ और

बैठक बीच में ही भंग हो गयी। गांधी जी के समर्थकों इस बैठक को गांधी जी की जीत बताइ और कहा कि जिन्ना बेनकाब हो गया। लेकिन मुझे विश्वास है ऐसा नहीं हुआ है। लेकिन पहली बार इस बैठक से स्पष्ट हुआ कि जिन्ना किस तरह का बँटवारा चाहता था और उसतरह से गांधी जी सहमत नहीं थे। उनके बँटवारे का स्वरूप जिन्ना से बिल्कुल अलग था"।

श्यामा प्रसाद ने लिखा है–"जिन्ना का गांधी के साथ वार्ता असफल होने से जिन्ना ने कुछ खोया नहीं बल्कि वह गांधी से भारत के बँटवारे के सिद्धान्त को स्वीकार करा लिया। यह अलग बात है दोनों के बँटवारी की योजनाओं में काफ़ी अन्तर था"।

मुस्लिम लीग से वार्ता शुरू करके लीग के पाकिस्तान की माँग को स्वीकार करने से श्यामा प्रसाद को बंगाल में काफ़ी क्षति उठानी पड़ी। श्यामा प्रसाद के साथ 50 मुसलमान जो लीग का विरोध कर रहे थे और वह विपक्ष में श्यामा प्रसाद के साथ थे, लीग को ख़त्म करने के लिए कृत संकल्पित थे। जब उन लोगों ने पाया कि गांधी जी अर्थात कांग्रेस जिन्ना के साथ समझौता करने जा रही है और लीग को ही मुसलमानों के सबसे बड़े हितैषी के रूप में मान्यता देना शुरू कर दिया है तो वे लोग भी विपक्षी एकता को तोड़कर लीग में ही शामिल हो जाना बुद्धिमानी समझा। इस तरह धीरे-धीरे यह सारे सदस्य लीग के साथ चले गये और राष्ट्रवाद के नाम पर बंगाल में जो विपक्ष की एकता बनी थी, वह खण्डित हो गयी।

हिन्दू महासभा का बिलासपुर अधिवेशन

इस अधिवेशन में वीर सावरकर ने घोषणा किया कि वह अध्यक्षीय चुनाव के लिए खड़े नहीं होंगे। अधिवेशन में डॉ. श्यामा प्रसाद मुकर्जी को अध्यक्ष चुन लिया गया। श्यामा प्रसाद ने 1945 में अध्यक्ष के नाते पूरे देश का विस्तृत प्रवास किया और महासभा की गतिविधियों और संगठन विस्तार करने का प्रयास किया। हिन्दू महासभा के विचार को फैलाने में सक्षम हुए। लेकिन संगठन को उस तरह का विस्तार नहीं दे सके, जैसा वह चाहते थे। वह चाहते थे कि समाज का प्रत्येक वर्ग हिन्दू महासभा से जुड़े। सबके बीच हिन्दू महासभा की पहुँच हो। इसके लिए सामाजिक स्तर पर बड़े परिवर्तन की ज़रूरत थी। वह यह परिवर्तन संगठन के द्वारा लाना चाहते थे, ताकि हिन्दू महासभा जन-जन तक पहुँचे। श्यामा प्रसाद अपनी डायरी में नोट किया है–"हमारे कई लोग उस तरह से सक्रिय होने के लिए तैयार नहीं थे, जिससे हमारी पार्टी जनता से सीधे सम्पर्क में आये। यह हमारी अकेले की समस्या नहीं थी।

यदि हमें महान समाज के रूप में समेकित ढंग से भारत की आजादी और उत्थान के लिए कार्य करना है तो हिन्दुओं के सामाजिक ताने-बाने में भारी बदलाव की आवश्यकता है। बहुत से अवांछित लोगों ने हमारे संगठन पर देश के कई भागों में कब्जा कर रखा था। उन्हें हटाना भी सम्भव नहीं था और उनकी अकर्मण्यता को भी दूर करना सम्भव नहीं था। इसके बावजूद मेरा द्वारा पूरे देश में किया गया प्रवास हमारे विचारधारा को दूर तक फैलनाने में सहायक रहा और पहले की अपेक्षा जनता के बीच अच्छा पैठ बना।"

विश्व युद्ध ख़त्म होते, ब्रिटिश सरकार ने नेताओं को रिहा कर दिया था। राजनीतिक गतिरोध दूर करने के लिए 1945 में ब्रिटिश सरकार वेवेल योजना लेकर आई.वेवेल योजना पर चर्चा के लिए जानबूझकर हिन्दू महासभा को निमन्त्रित नहीं किया गया। जब युद्ध शुरू हुआ था तो वायसराय ने हिन्दू महासभा को भी वार्ता के लिए आमन्त्रित किया था। क्रिप्स मिशन जब भारत आया था तो महासभा को सबसे पहले आमन्त्रित किया गया था। लेकिन अचानक जून 1945 के वेवेल योजना पर महासभा को सम्पर्क करना उचित नहीं समझ गया। श्यामा प्रसाद ने वेवेल योजना का दो बिन्दुओं पर विरोध करना शुरू किया। इस योजना में वायसराय की कार्यकारिणी में हिन्दू और मुसलमानों की बराबर संख्या रखने की योजना थी। श्यामा प्रसाद ने इस सिद्धान्त को पूरा अन्यायपूर्ण बताया। उन्होंने प्रश्न उठाया कि 60% आबादी वाले और 24% आबादी वाले दोनो को एक समान प्रतिनिधित्व देना कहा तक उचित है।

श्यामा प्रसाद के विरोध करने का दूसरा कारण था कि वेवेल योजना में किसी भी तरह का सत्ता का स्थानान्तरण करने की योजना नहीं थी। वह भारत अधिनियम 1919 के अनुसार ही था। वायसराय के पास अभी भी वीटो पावर था। केवल वायसराय की कार्य परिषद में परिवर्तन किया गया था। उसे योजना में कहा गया था कि वायसराय और कमाँडर-इन-चीफ को छोड़कर कार्य-परिषद में सारे भारतीय होंगे। वायसराय की कार्य-परिषद के लिए नाम का पैनल माँगा गया तो कांग्रेस ने श्यामा प्रसाद का भी नाम सूची में दे दिया। यह श्यामा प्रसाद से बिना सम्पर्क किये हुए किया गया। श्यामा प्रसाद ने कहा कि पिछले दरवाजे से प्रवेश करने का कोई कारण नहीं है। जब मेरे दल को स्वीकार नहीं किया जा रहा है तो वायसराय की कार्य परिषद में मेरे लिए जगह अर्थहीन है। मुस्लिम लीग ने वेवेल योजना पर प्रतिक्रिया देते हुए कहा था कि मुस्लिम को कार्यकारिणी में केवल मुस्लिम लीग द्वारा ही भेजा जाया जायेगा और कोई दल मुस्लिम का प्रतिनिधित्व नहीं कर सकता। कांग्रेस

मुस्लिम को भी नियुक्त करना चाहती थी। लेकिन मुस्लिम लीग इसका विरोध कर रहा था। अन्ततः कांग्रेस ने भी इस योजना को ठुकरा दिया।

कांग्रेस के नेता मुंबई में मिले। वे पाकिस्तान के विरोध में तो थे ही लेकिन यह घटना उनको इस मामले में और मज़बूत बनाया। वह भी हिन्दू महासभा की तरह लीग के विरोध में बोलना शुरू कर दिए। अब ऐसा लगता था कि शायद ही कांग्रेस और हिन्दू महासभा में कोई अन्तर है। कांग्रेस पाकिस्तान के विरोध में थी, लेकिन प्रादेशिक इकाइयों को निर्णय के अधिकार का समर्थन किया। लेकिन बाद में ऐसी परिस्थितियों पैदा हुई कि वह भारत विभाजन को स्वीकार कर लिए।

इस तरह विभाजन के तीन योजनाएँ थी। पहला क्रिप्स योजना, दूसरा पूर्ण रूप से साम्प्रदायिकता पर आधारित मुस्लिम लीग की योजना और तीसरा कांग्रेस का प्रादेशिक इकाई का स्व निर्णय (self-determination for territorial units) के अधिकार पर आधारित योजना।

मुस्लिम लीग का पाकिस्तान के विचार का आधार मुख्यतया दो प्रान्त थे– पंजाब और बंगाल। इन दोनों प्रदेशों में मुसलमानों की संख्या हिन्दुओं के मुकाबले थोड़ी सी ज़्यादा थी। साम्प्रदायिक अवार्ड ने वैधानिक रूप सेमुस्लिम लीग के विचार को मज़बूती प्रदान कर रखी थी। दोनों प्रान्त के हिन्दू बहुलता वाले क्षेत्र भारत में शामिल होने की माँग कर रहे थे।

मुस्लिम लीग और उनके ब्रिटिश संरक्षक कोलकाता को पाकिस्तान में शामिल करना चाहते थे। अपने इस मनसा को लेकर मुस्लिम लीग ने कोलकाता में संयोजित तरीक़े से दंगा भड़का दिया। इसमें काफ़ी निर्दोष लोगों की जान गयी। वास्तव में इस दंगे का मकसद थाहिन्दू आबादी को भयभीत करना ताकि वह बंगाल छोड़कर चले जाये। लेकिन श्यामा प्रसाद मुकर्जी के नेतृत्व में प्रतिरोध बल ने दंगे को कोलकता से बाहर जाने से रोक दिया। उस समय श्यामा प्रसाद ने एक हिन्दुस्तान नेशनल गार्ड के नाम से शैक्षिक संगठन बनाया जो मुस्लिम लीग के गुण्डागर्दी और लूट दंगो को काबू करने में समर्थ रहा। श्यामा प्रसाद स्वयं दंगा प्रभावित इलाकों में अपनी जान का परवाह किये बिना भ्रमण किया और लोगों से मिले-जुले और उनको सांत्वना दिया। इन परिस्थितियों में श्यामा प्रसाद को साहसिक कदम उठाना पड़ा। उनके सामने बंगाल को बचाने के लिए सिर्फ़ एक ही उपाय था, हिन्दू बहुमत वाले पश्चिम बंगाल को मुस्लिम बहुमत वाले पूर्वी बंगाल से अलग करवाना ताकि पश्चिम बंगाल भारत के ही हिस्से में रह सके। हालाँकि श्यामा प्रसाद जैसे व्यक्ति के लिए इस तरह का निर्णय लेना बहुत ही कष्टदायक कार्य था। जिनके रग रग में बंगाली भाषा,

बंगाली संस्कृति और प्रेम बसा हो। लेकिन जिन्ना के पाकिस्तान के विचार से बचने का कोई और विकल्प नहीं था। बंगाल के विभाजन द्वारा ही बंगाली हिन्दुओं को पाकिस्तान जाने से बचाया जा सकता था। श्यामा प्रसाद जनता में इस विचार पर मत तैयार करने के लिए पूरे बंगाल का प्रवास किया। विशेष कर पूर्वी बंगाल में ताकि वहाँ के हिन्दुओं से अपने विचार को अवगत करा सके। उन्होंने बड़ी-बड़ी रैलियाँ की अपने विचार को बंगाली हिन्दुओं के सामने रखा।

कांग्रेस ने मुकर्जी के इस कदम की आलोचना किया। उसने आरोप लगाया कि यह पाकिस्तान के माँग को और बढ़ावा देगा। मुकर्जी ने जवाब दिया कि वह पाकिस्तान के विचार के विरुद्ध है लेकिन केवल बंगाली हिन्दुओं के क़ीमत पर बँटवारे को नहीं रोका जा सकता है।

मुस्लिम लीग के नेता सोहरावर्दी श्यामा प्रसाद के बंगाल को बचाने की मुहिम को असफल करने के लिए उन्होंने संयुक्त सम्प्रभु बंगाल की अवधारणा का प्रोपेगेंडा शुरू किया। बंगाली प्रथम जैसी भावनाओं के जरिए बंगाली भावना को उकसाने की कोशिश की। सोहरावर्दी के झासे में कुछ वरिष्ठ कांग्रेसी नेता जैसे शरद चन्द्र बोस भी आ गये। ऐसा बताया गया कि सोहरावर्दी को इस योजना के लिए महात्मा गांधी का आशीर्वाद प्राप्त है।

श्यामा प्रसाद सोहरावर्दी के संयुक्त सम्प्रभु बंगाल के योजना पर महात्मा गांधी का विचार जानने के लिए 13 मई 1947 को सादपुर में महात्मा गांधी से मिले। महात्मा गांधी ने कहा कि मैं तो अभी तक समझ ही नहीं पाया हूँ कि सोहरावर्दी का संयुक्त सम्प्रभु बंगाल का क्या मतलब है। फिर उन्होंने श्यामा प्रसाद का विचार सोहराब वर्दी के प्रस्ताव पर पूछा तो मुकर्जी ने कहा कि यह योजना स्पष्ट रूप से सोहराबवर्दी का है। लेकिन वास्तविकता में यह ब्रिटिश वाणिज्य हितों से प्रेरित है। उन्हीं के द्वारा यह प्रायोजित है। लेकिन सोहराबवर्दी जब माउंट वेटन से मिले थे तो उसने इस प्रस्ताव पर सावधानी से विचार करने के लिए कहा था। श्यामा प्रसाद को आशंका थी कि सम्प्रभु बंगाल के सन्दर्भ में सोहरावर्दी संयन्त्र कर सकता है और मुस्लिम मतों के बदौलत बंगाल का पाकिस्तान से गठबन्धन कर सकता है। श्यामा प्रसाद ने महात्मा गांधी से प्रश्न किया कि आप बंगाल को शेष भारत से अलग स्वतन्त्र राज्य के रूप में आपके क्या विचार रखते हैं। महात्मा गांधी ने इसका कोई उत्तर नहीं दिया। सोहरावर्दी बहुत चालाकी से बंगाल को भारत से अलग कर पाकिस्तान के साथ गठबन्धन करना चाहता था। मुकर्जी किसी भी हालत में हिन्दू

बहुल वाला पश्चिम बंगाल को भारत के हिस्से में रखना चाहते थे।

पाकिस्तान बनाने की स्थिति में बंगाल के विभाजन का आन्दोलन इतना लोकप्रिय हो गया कि मुस्लिम लीग और कुछ कांग्रेस के नेताओं का विरोध इसको रोक नहीं पाया। 3 जून 1947 को ब्रिटिश सरकार ने भारत की स्वतन्त्रता की जो रूपरेखा खींची उसमें भारत का विभाजन भारत और पाकिस्तान के रूप में था। लेकिन ग़ैर मुस्लिम बहुलता वाला पश्चिम बंगाल और पंजाब का हिस्सा भारत के हिस्से में आया। बंगाल के विभाजन के बाद श्यामा प्रसाद ने नेहरू और अन्य कांग्रेसी नेता जो बंगाल विभाजन का विरोध कर रहे थे, को जवाब दिया "आपने भारत का विभाजन कर दिया और मैं पाकिस्तान का विभाजन कर दिया।"

बलराज मधोक अपनी पुस्तक 'श्यामा प्रसाद मुकर्जी' में लिखा है–"मुकर्जी को विश्वास हो गया था कि भारत का बँटवारा अब एक सत्य है। तब उन्होंने अपनी पूरी ऊर्जा जितना भाग पाकिस्तान में जाने से बच सकता था, उतना बचाने में लग गये। वह जानते थे कि कांग्रेस के नेता सत्ता के लिए अधीर हो रहे हैं। इसके लिए पूरा बंगाल यहाँ तक की असम देने में भी संकोच नहीं करेंगे। आज उनके प्रयासों का नतीजा है की आधा बंगाल भारत के लिए बच गया।"

देश के प्रथम सरकार में कैबिनेट मन्त्री के रूप में

जब 10 जुलाई 1947 को संविधान सभा बनाया गया तो श्यामा प्रसाद कांग्रेस प्रतिनिधि के रूप में बंगाल से निर्वाचित किये गये। चूँकि, आधा बंगाल बचाने में उनकी अहम भूमिका रही, उसकी वजह से वह बंगाल में काफ़ी लोकप्रिय और सबसे बड़े नेता हो गये थे। ऐसा भी कहा जाता है कि महात्मा गांधी का उनके चयन में ज़्यादा महत्त्वपूर्ण योगदान था।

देश की आजादी के बाद प्रथम राष्ट्रीय सरकार की रूपरेखा खींची जा रही थी। आजादी केवल कांग्रेस की वजह से नहीं मिली थी। इसमें सभी तरह के विचार के लोग राजनीतिक पार्टी और आन्दोलनकारियों का योगदान था। इसलिए महात्मा गांधी चाहते थे कि पहली राष्ट्रीय सरकार बने तो वह पूरी तरह से राष्ट्रीय हो। महात्मा गांधी के कहने पर ग़ैर कांग्रेसी लोगों को भी सरकार में जगह दी गयी। जिसमें प्रमुख रूप से श्यामा प्रसाद मुकर्जी और भीमराव अंबेडकर थे। इनके अलावा जिन ग़ैरकांग्रेसी लोगो को जगह दी गयी, उनमें विख्यात शिक्षाविद, अर्थशास्त्री एवं न्यायविद् सर जॉन मथाई, आर के शनमुखम चेट्टी जो वित् मामलो के बड़े जानकार थे।

महात्मा गांधी ने प्रथम कैबिनेट में जिन लोगों को शामिल करने की अनुशंसा

की थी, वे लोग अपने क्षेत्र के महत्त्वपूर्ण व्यक्तित्व और विशेषज्ञ थे। महात्मा गांधी के अलावा सरदार पटेल श्यामा प्रसाद को कैबिनेट में शामिल किये जाने के बड़े पक्षधर थे। उस समय कांग्रेस संगठन पर नियन्त्रण सरदार पटेल का था। वह कांग्रेस के निर्वाचित अध्यक्ष भी थे। पश्चिम बंगाल को पाकिस्तान में जाने से बचाने में मुकर्जी की भूमिका का सरदार पटेल प्रशंसा करते थे।

डॉ मुख़र्जी कैबिनेट में शामिल किये गये। उन्हें उद्योग और आपूर्ति विभाग दिया गया। हालाँकि उनके रुचि का विषय शिक्षा होता। क्योंकि शिक्षा क्षेत्र में कार्य करने का उन्हें लम्बा और अच्छा अनुभव था। एक गुलाम देश के उप कुलपति के नाते शिक्षा के उत्थान के लिए उन्होंने काफ़ी सराहनीय कार्य किया था। क्योंकि अब देश स्वतन्त्र हो गया था। यदि उन्हें स्वतन्त्र भारत का शिक्षा मन्त्री बनाया गया होता तो हमारी शिक्षा व्यवस्था की एक मज़बूत आधारशिला रखी गयी होती। हालाँकि शिक्षा मन्त्रालय मौलाना आजाद को दिया गया। शुरुआती के 15 साल स्वतन्त्र भारत के वह शिक्षा मन्त्री रहे। शायद श्यामा प्रसाद मुकर्जी को उद्योग और आपूर्ति देने का एक और महत्त्वपूर्ण कारण यह भी हो होगा कि संयुक्त बंगाल के वित्त मन्त्री के रूप में वह कार्य कर चुके थे। स्वाभाविक है, उस समय देश की वित्तीय स्थिति अनुकूल नहीं थी। नई-नई आजादी मिली थी। विपरीत परिस्थितियों में देश का औद्योगिक विकास करना एक बड़ी चुनौती थी।

उद्योग मन्त्री के रूप में श्यामा प्रसाद ने ढाई सालों तक कार्य किया। इस छोटे से समयावधि काफ़ी युगान्तरकारी कार्य किया। जिसका फायदा आज भी देश को मिल रहा है। स्वतन्त्र भारत की सार्वजनिक क्षेत्र की तीन महत्त्वपूर्ण उद्यम चितरन्जन लोकोमोटिव कारखाना, सिन्दरी उर्वरक कारखाना, हिन्दुस्तान एयरक्राफ्ट कारखाना की शुरुआतकरने में श्यामा प्रसाद के महत्त्वपूर्ण योगदान रहे। हिन्दुस्तान एयरक्राफ्ट कारखाना में श्यामा प्रसाद के देख-रेख में उस समय के हिसाब से भारतीय रेल के तीसरी श्रेणी के लिए न्यू मॉडल कोच बनाने की शुरुआत की गयी। अपने कार्यकाल के दौरान ही श्यामा प्रसाद ने भारत में इस्पात उत्पादन की गुणवत्ता और मात्र दोनों सुधारने के लिए एक बड़ी जर्मन फॉर्म से बातचीत की शुरूआत किया था।

श्यामा प्रसाद के औद्योगिक विचार का जहाँ तक सम्बन्ध था तो वह चाहते थे कि सार्वजनिक और निजी क्षेत्र दोनों समन्वय से कार्य करें। उनका मानना था कि भारत जैसा देश जो औद्योगिक रूप से पिछड़ा है और अभी-अभी स्वतन्त्रता प्राप्त किया है, उसके लिए प्राथमिक कार्य है सभी संसाधनों निजी और सरकारी को

जुटाना जिससे की देश में आवश्यक वस्तुओं व विशेष कर रक्षा के मामले में देश आत्मनिर्भर बन सके।

श्यामा प्रसाद मुकर्जी का मानना था कि सभी उद्योगों के राष्ट्रीयकरण के लिए भारत में अपेक्षित संसाधनों, अनुभव और प्रशिक्षित कर्मचारियों का अभाव है। फिर भी उनको उपलब्ध क्षमता के साथ चलाया जा रहा था। सरकार द्वारा संचालित उद्योग सामान्यत: अपनी क्षमता से कम काम कर रहे थे, क्योंकि उनमें कार्यरत सरकारी कर्मचारियों के लिए प्रोत्साहन और कोई पहल करने की कमी थी। उन्हें सरकारी कायदे कानून औपचारिकताओं और भारी भरकम प्रशासन का अत्यधिक बोझ होता था। इसलिए श्यामा प्रसाद ने निर्गमन के जरिए सरकारी नियन्त्रण के उद्योगों के प्रबन्धन की नीति का शुरूआत किया। यह ज्वाइंट स्टॉक कम्पनियों की तर्ज पर किया गया। बाद में शारीरिक क्षेत्र के कम्पनियों को चलाने की यह आम पढ़ती हो गयी।

6 अप्रैल 1948 को भारत औद्योगिक नीति से सम्बन्धित एक प्रस्ताव आया। उस प्रस्ताव से श्यामा प्रसाद के औद्योगिक नीति के मामले में विचार परिलक्षित होते हैं। जैसा की भारत तुरन्त आजाद हुआ था और औद्योगिक रूप से काफ़ी पिछड़ा था। ऐसी स्थिति में श्यामा प्रसाद मिश्रित अर्थव्यवस्था के पक्षधर थे। उस प्रस्ताव में उद्योगों को तीन श्रेणी में बाँटा गया था। प्रथम श्रेणी में वैसे उद्योग आयेंगे जिसको बढ़ाने का दायित्व पूरी तरह से सरकार की होगी अर्थात सरकार के स्वामित्व वाले उद्योग। दूसरा, कोयला, लोहा, इस्पात, एयरक्राफ्ट टेलीफोन जहाज इत्यादि जिसमें सरकार का स्वामित्व होगा लेकिन इसमें निजी क्षेत्र के उद्योग पूरक का काम करेंगे। तीसरी श्रेणी में शेष बचे उद्योगों का होगा जैसे उर्वरक टेक्सटाइल कागज कपड़ा इत्यादि जो निजी क्षेत्र के लिए होंगे लेकिन नियमित और नियन्त्रित सरकार द्वारा किये जायेंगे। कुटीर और छोटे उद्योगों को बढ़ावा देने का सरकार का अहम कार्य होगा। 1948 से 1950 के बीच कुटीर और छोटे उद्योगों के आर्थिक तकनीकी और बाज़ार मुहैया कराने में मदद के लिए सरकार ने ऑल इंडिया हैंडीक्राफ्ट बोर्ड, ऑल इंडिया हैंडलूम बोर्ड और खादीग्राम उद्योग बोर्ड की स्थापना किया गया।

जब केन्द्रीय मन्त्री के तौर पर श्यामा प्रसाद मुकर्जी का दिल्ली में रहना हो रहा था, तभीउसी समय उन्हें निजी परेशानियों से भी गुज़रना पड़ा। तथागत राय जो त्रिपुरा के गवर्नर रहे अपनी पुस्तक 'श्यामा प्रसाद मुकर्जी लाइफ एंड टाइम्स' में लिखते हैं–"नई दिल्ली में रहते हुए डॉक्टर मुकर्जी एक केन्द्रीय मन्त्री के रूप में अपनी नई

ज़िम्मेदारी से जुड़ने की कोशिश कर रहे थे। तभी उनकी सबसे छोटी सन्तान और बेटी आरती बुखार के अक्सर होने वाले हमलों से पीड़ित थी। वह एक अति सुन्दर लड़की के रूप में बड़ी हुई थी लेकिन अपेक्षाकृत अन्तर्मुखी और गुमसुम सी रहती थी। अपनी बुआ सविता के बिल्कुल विपरीत जो चुलबुली और बहिर्मुखी लड़की थी। मुकर्जी के पास जो थोड़ा समय मिलता था उस समय में अपनी मात्रहीन बेटी से ख़ूब प्यार करते थे। जब पता चला कि क्षयरोग है तो उस समय उसकी बीमारी बहुत बढ़ चुकी थी। यदि उसका उचित इलाज न किया जाता,वह बीमारी जल्दी ही घातक होने वाली थी। फरवरी 1948 के आख़िरी दिन डॉक्टर सेल्मन वैक्समैन की करिश्माई दवा स्ट्रेप्टोमाइसिन भारत में नहीं आयी थी। शायद तब भी उस औषधि का परीक्षण चल रहा होगा।

मुकर्जी ने क्षय रोग पर भारत सरकार के तत्कालीन सलाहकार डॉक्टर बेंजामिन की सलाह ली। क्षय रोग उस समय की राष्ट्रव्यापी गंभीर स्वास्थ्य समस्या हुआ करती थी। डाक्टर बेंजामिन ने उन्हें सलाह दिया कि बिना वक़्त गंवाए बेटी को कसौली, जो हिमाचल प्रदेश का एक इलाका था कि स्वास्थ्य सुधार गृह ले जाये। उस समय डीआर जोसेफ द्वारा संचालित उच्च स्वास्थ्य सुधार गृह को भारत में इस रोग के इलाज का सर्वोत्तम केन्द्र माना जाता था। डॉ मुख़र्जी विमान से कोलकाता पहुँचे और कैप्टन वी सुन्दरम को फोन किया। सुन्दरम मैसूर के महाराजा का डकोटा विमान उड़ाया करते थे। डॉ. श्यामा प्रसाद ने उनके साथ एक बार नई दिल्ली से बेंगलुरु की उड़ान भरी थी, तब वह हिन्दुस्तान एयरक्राफ्ट की फैक्ट्री का निरीक्षण करने जा रहे थे। श्यामा प्रसाद सुन्दरम और उनकी सह पायलट पत्नी उषा के साथ उड़ान भरना पसन्द करते थे। जब श्यामा प्रसाद ने सुन्दरम को फोन किया तो उस समय वह कोलकाता हवाई अड्डा दमदम में थे। विमान और उषा भी साथ थी। बैंगलोर और कोलकाता के बीच बिना रुके 7 घंटे की उड़ान भर के वे लोग अभी लौटे ही थे। लेकिन वह मरीज के साथ तुरन्त नई दिल्ली के लिए उड़ान भरने को तैयार हो गये। लेकिन श्यामा प्रसाद ने उन्हें बताया कि मेडिकल सलाह के अनुसार मैरिज 3000 फीट से ज़्यादा ऊँचाई पर उड़ान नहीं भर सकता है। सुन्दरम ने कहा कि ऐसे मामले में वह अगले दिन सुबह उड़ान भरना पसन्द करेंगे। क्योंकि 3000 फीट की ऊँचाई पर गरजते चमकते बादल होंगे और उड़ान बड़ी हिचकोले वाली होगी। श्यामा प्रसाद सहमत हो गये और उन्हें ग्रैंड होटल में उस रात रुकवाया। श्यामा प्रसाद ने सुन्दरम को सलाह दिया कि उन्हें शाम का वक़्त एक औद्योगिक

प्रदर्शनी देखने में गुज़रा चाहिए। सुन्दरम द्वारा लिखी गयी आत्मकथा को कोट करते हुए तथागत राय ने लिखा है कि होटल से ही एक सज्जन उनके साथ प्रदर्शनी तक गये जिन्होंने ख़ुद को श्यामा प्रसाद का भाई बात कर परिचय दिया था। जब वह प्रदर्शनी में पहुँचे तो उन्होंने पाया कि आयोजकों ने उनके गाइड का और असाधारण आदर सम्मान दिया। सुन्दरम ने इधर-उधर पूछा तो जानकारी मिली कि वह और कोई कोई नहीं वह श्यामा प्रसाद के भाई और कोलकाता उच्च न्यायालय के जज रामा प्रसाद हैं। सुन्दरम ने लिखा है कि उषा और वह ऐसे आडम्बरहीन हैं और सीधे-साधे व्यक्ति से उससे पहले कभी नहीं मिले थे। आरती ऑक्सीजन पर थी, उसे बिना किसी समस्या का सुन्दरम और उसकी पत्नी उषा ने नई दिल्ली पहुँचाया। उस दौरान सुन्दरम पायलट और उसकी पत्नी नर्स की भूमिका भी बहुत अच्छी तरह निभाई और मरीज का अच्छी तरह ख्याल रखा। आरती को सफदरजंग हवाई अड्डे से एक एंबुलेंस के द्वारा तुरन्त हिमाचल के कसौली भेजा गया। श्यामा प्रसाद ने सुन्दरम को धन्यवाद दिया और उड़ान के दौरान उषा ने आरती का जिस तरह से ध्यान रखा और चिन्ता की, उसके लिए श्यामा प्रसाद भावुक हो गये। उन्होंने कहा कि वह व्यक्तिगत कोष से ही उड़ान का भुगतान करेंगे और विमान की सेवा देने के लिए मैसूर के महाराजा को धन्यवाद बोलने के लिए कहा। श्यामा प्रसाद ने किराए पर कसौली में एक बांग्ला लिया, ताकि उनके परिवार के सदस्य आकर वहाँ रह सके। कुछ महीनो के बाद वह आरती को लेकर स्विट्जरलैंड के दावोस और लेसीन ले गये। इस दौरान स्ट्रेप्टोमाइसिन बाज़ार में आयी और आरती को भी दिया गया। एक साल में आरती की बीमारी ठीक हो गयी और वह एक सामान्य जिन्दगी दोबारा शुरू कर सकी।"

30 जनवरी 1948 को महात्मा गांधी की हत्या पूरे राजनीतिक दृश्य को ही बदल दिया। बलराज मधोक लिखते हैं–"पण्डित नेहरू और उनके वामपन्थी समर्थक द्वारा कांग्रेस के भीतर और बाहर अपने स्वार्थ के लिए गांधी जी के हत्या की घटना का चालाकी से दोहन किया गया और पाकिस्तान के ख़िलाफ़ एक साहसिक नीति के वकालत करने वालो के विरुद्ध माहौल बनाया गया। आदर्शवादी नेहरू गांधी जी के राजनीतिक उत्तराधिकारी के रूप में जनता के बीच अपने आप को स्थापित करने में सफल हो गये और यथार्थवादी राजनीतज्ञ सरदार वल्लभभाई पटेल और डॉ. श्यामा प्रसाद मुकर्जी सरकार के अन्दर और बाहर अलग -थलग हो गये। बाद के महीनों में पाकिस्तान के प्रति तुष्टीकरण की नीति सरकार द्वारा अपनाई जाने लगी।

पाकिस्तान ने भारत में बदले हुए हालात का तुरन्त एहसास कर लिया। पाकिस्तान ने स्थिति का फायदा उठाते हुए कश्मीर में और पाकिस्तान के भीतर हिन्दुओं के ख़िलाफ़ हमले शुरू कर दिए। पश्चिमी पंजाब से तो लगभग हिन्दुओं का पलायन हो गया था और काफ़ी दंगे में मारे भी गये थे। लेकिन पूर्वी बंगाल में ऐसा नहीं हुआ था। पाकिस्तानी सरकार दंगे भड़काकर पूर्वी बंगाल से भी हिन्दू अल्पसंख्यकों को भगाना चाहती थी। मुकर्जी पूर्वी बंगाल के हिन्दुओं को लेकर चिन्तित थे।

विभाजन के समय पूर्वी बंगाल में बौद्धों सहित हिन्दुओं की संख्या 1.35 करोड़ से अधिक थी और ईस्ट बंगाल के लगभग 80% सम्पत्ति का उनके स्वामित्व था 95% शैक्षिक संस्थानों देखभाल तथा वितपोषित किया करते थे। ढाका शहर में हिन्दू 75 प्रतिशत भूमि और सम्पति के मालिक थे। इसका कारण था मुस्लिमों के मुकाबले हिन्दु पश्चमी शिक्षा ग्रहण करने में आगे रहे थे। रूढ़िवादी कम थे। शिक्षा के कारण हिन्दुओं में काफ़ी समृद्धि थी। तथागत राय लिखते हैं कि लॉर्ड कार्नवालिस के अस्थाई समझौते के जरिए पैदा हुए सामन्ती ज़मींदारों में से भी अधिकांश हिन्दू थे। इसके अलावा अधिकतर शहरों में हिन्दू बहुमत में थे और वहाँ की ज़मीनों के अधिकांश हिस्से के मालिक थे। इन स्थितियों ने हिन्दुओं के भीतर संस्था की भावना भरने में योगदान दिया। दूसरी तरफ देहात में अधिकतर मुस्लिम थे, जिनमें अधिक संख्या ग़रीब किसान थे। हालाँकि पूरे प्रदेश में हिन्दुओं के छोटे-छोटे क्षेत्र भी थे। हिन्दू नामसुद्रा समुदाय जो मूलत ग्रामीण थी, उसका सुनारी के व्यवसाय पर, बढ़ईगिरी के व्यवसाय पर और इस तरह के व्यवसायों पर उनका एकाधिकार था। और पाकिस्तान के सत्ता और और सेना में पंजाबी मुस्लिमों का वर्चस्व था जो आज भी वहाँ है।

श्यामा प्रसाद चाहते थे कि पाकिस्तान के अल्पसंख्यक हिन्दू सुरक्षित रहे। इसके लिए वह सरकार पर भी दबाव बनाते थे। चूँकि देश के बँटवारे का जख्म अभी हरा था। बँटवारे के समय जिस तरह के साम्प्रदायिक दंगे हुए और जिसमें लाखों निर्दोष की जाने गयी और लोगों पर अत्याचार हुआ,ये सब श्यामा प्रसाद के मनमस्तिक में छाया हुआ था। वह नहीं चाहते थे कि इस तरह की घटना आगे हो। इस लिए पाकिस्तान सरकार पर दबाव बनाकर पाकिस्तान में रह रहे अल्पसंख्यको के कत्लेआम को रोकना चाहते थे। इसके लिए अपने कैबिनेट के साथी सरदार पटेल और एन। जी गाडगीळ जैसे लोगों से समर्थन पाते थे। बंगाल विभाजन में मुकर्जी की भूमिका के सरदार पटेल बहुत बड़े प्रशंसक थे।

बलराज मधोक 'डॉ. श्यामा प्रसाद मुकर्जी कंटेम्पररी स्टडी' में दिए सक्षात्कार

में मुकर्जी से जुड़ाव के बारे में बताते हैं कि वह श्यामा प्रसाद मुकर्जी से पहली बार मार्च 1948 में दिल्ली में मिले थे, जब वह नेहरू के मन्त्रिमण्डल में उद्योग मन्त्री थे। बलराज मधोक तब जम्मू-कश्मीर प्रजा परिषद का महासचिव थे और सरदार पटेल और अन्य भारतीय नेताओं से मिलने और उन्हें श्री अब्दुल्ला की राष्ट्र-विरोधी और जम्मू-विरोधी नीतियों और कार्यों से अवगत कराने के लिए दिल्ली आये थे। बलराज मधोक के शब्दों में–'सरदार पटेल और पण्डित नेहरू के साथ मेरी मुलाकात ने अब्दुल्ला को परेशान कर दिया। अब्दुल्लाह न केवल मुझे राज्य से निष्कासित करने का आदेश दिया, बल्कि मेरे पिता को भी, जो राज्य सेवा से सेवानिवृत्ति के बाद जम्मू में अपनी ज़िन्दगी व्यतीत कर रहे थे, बाहर निकाल दिया और मेरे पूरे परिवार को जम्मू से बाहर जाना पड़ा। यह शेख़ अब्दुल्ला के लिए सबसे विकृत और अक्षम्य राजनीतिक प्रतिशोध था, जिन्हें उस समय पण्डित नेहरू का पूरा समर्थन हासिल था। इसलिए, मुझे दिल्ली में रहना पड़ा और श्री अब्दुल्ला के भारत विरोधी और साम्प्रदायिक डिजाइनों और योजनाओं के बारे में भारतीय लोगों और नेताओं को शिक्षित करने के अपने मिशन को जारी रखना पड़ा। मैं सरदार पटेल और पण्डित नेहरू के अलावा कई मन्त्रियों, सांसदों और अन्य राजनीतिक नेताओं से मिला। सबसे सहानुभूतिपूर्ण और रचनात्मक प्रतिक्रिया सरदार पटेल और डॉ. श्यामा प्रसाद मुकर्जी की ओर से आई। यह डॉ. मुकर्जी के साथ मेरे आजीवन जुड़ाव की शुरुआत थी।"

श्यामा प्रसाद जब कैबिनेट में शामिल हुए तो पूर्वी बंगाल के हिन्दुओं को उनसे बहुत आशा थी। उन्हें उम्मीद था कि वह उन लोगों के सुरक्षा और कल्याण के की चिन्ता करेंगे। डॉ श्यामा प्रसाद मुकर्जी पण्डित नेहरू के पाकिस्तान के प्रति नीतियों को लेकर ख़ुश नही थे। पाकिस्तान में रह रहे लाखों हिन्दुओं की दशा पर सरकार की उदासीनता मुकर्जी को परेशान करती थी। कश्मीर के प्रति भी नेहरू की नीति से वह ख़ुश नहीं थे।

बँटवारे के समझौता के अनुसार दोनों देशों को अपने अल्पसंख्यकों की सुरक्षा की ज़िम्मेवारी निभानी थी। लेकिन पाकिस्तान में अल्पसंख्यक और असुरक्षा की भावना से जूझ रहे थे। श्यामा प्रसाद मुकर्जी ने नेहरू और कैबिनेट के अपने दूसरे साथियों को पाकिस्तान पर अल्पसंख्यकों की सुरक्षा के लिए दबाव बनाने के लिए कहा। परिणाम स्वरुप भारत पाकिस्तान का पहला इंटर डोमिनियन समझौता अप्रैल 1948 में हुआ। यह समझौता दोनों बंगाल में अल्पसंख्यकों के सुरक्षा और कल्याण से सम्बन्धित था। लेकिन इस समझौते के सफलता की उम्र ज़्यादा लम्बी नहीं रही।

भारत ने समझौते के तहत अपना कर्तव्य निभाया। लेकिन पूर्वी बंगाल में हिन्दुओं से पलायन जारी रहा। यह सब पाकिस्तान सरकार के रवैया के कारण हो रहा था। दोनों देशों के अधिकारियों में बातों का आदान-प्रदान हुआ। लेकिन पूर्वी बंगाल में हिन्दुओं का पलायन नहीं रुका। पाकिस्तान के रवैया में कोई परिवर्तन नहीं था। बढ़ता हुआ हिन्दुओं का पलायन भारत में हड़कंप मचा दिया। नतीजा नेहरू सरकार दिसंबर 1948 में इस सम्बन्ध में पाकिस्तान के साथ एक और समझौता किया। यह एक तरह से पुराने समझौते का दोहराव था। इस। समझौते के बाद भी पाकिस्तान के रवैया में कोई परिवर्तन नहीं हुआ। चूँकि पाकिस्तान का इरादा दुनिया को दिखाने के लिए समझौता करना था,समझौते का सम्मान करने का नहीं था। पूर्वी बंगाल में हिन्दुओं पर संकट इस तरह जारी रहा दोनों समझौते के बावजूद लगभग 20 लाख हिन्दू अपने घर -द्वार छोड़कर पूर्वी बंगाल से पलायन के लिए बाध्य किये गये। ऐसा पलायन अल्पसंख्यकों का कोलकाता से नहीं हो रहा था। भारत सरकार अपनी समझौता के अनुसार अपनी ज़िम्मेवारियों को बख़ूबी निभा रही थी। लेकिन सबसे दर्दनाक घटना 1950 के शुरुआत में घटी। जब पूर्वी बंगाल में हिन्दुओं का योजनाबद्ध तरीक़े से नरसंहार किया गया। यह नरसंहार पाकिस्तान सरकार द्वारा प्रायोजित था। सरकारी आंकड़ों के अनुसार 50 हजार से ज़्यादा हिन्दुओं को मौत के घाट उतार दिया गया। हजारों हिन्दू महिलाओं का अपहरण और बलात्कार किया गया। हिन्दुओं के साथ बर्बरता पूर्वक व्यवहार किया गया। अमानवीयता की कोई सीमा नहीं थी। पूर्वी बंगाल में हिन्दुओं के नरसंहार की सूचना भारत पहुँची तो पूरा देश स्तब्ध रह गया। यह हटना सरकार में बैठे लोगो का जमीर झकझोर दिया। उन्होंने महसूस किया कि कागज पर किया समझौता एक व्यर्थ प्रयास है। जिसका पाकिस्तान द्वारा खुला मखौल उड़ाया जा रहा है। अब पाकिस्तान के ख़िलाफ़ सख्त और निर्णायक कार्रवाई की ज़रूरत महसूस की जाने लगी ताकि इस तरह का कुकृत्य पाकिस्तान दोबारा ना दोहराएँ। यह स्पष्ट था कि पूर्वी बांग्लादेश में यह समस्या साम्प्रदायिक नहीं था, बल्कि राजनीतिक था। यह प्रान्त की समस्या नहीं बल्कि राष्ट्रीय समस्या थी। चूँकि यह वहाँ की केन्द्र सरकार की मशीनरी द्वारा प्रायोजित नरसंहार था। ये पूर्वी बंगाल में हिन्दुओं के वर्चस्व को सभी क्षेत्रों में मिटा देना चाहते थे। श्यामा प्रसाद और सरदार पटेल ने नेहरू पर दबाव बनाया कि पाकिस्तान के ख़िलाफ़ सख्त कार्रवाई की जाये या पंजाब की तरह दोनों बंगाल के बीच आबादी की अदला-बदली की जाये और तीसरा उपाय यह सुझाया गया कि पूर्वी बंगाल में हिन्दुओं के लिए अलग देश की माँग की जाये। नेहरू इनमें से

कुछ भी करने को तैयार नहीं थे। पण्डित नेहरू ने अपने प्रेस वक्तव्य में कहा कि हम सिर्फ़ पाकिस्तान की राष्ट्रीय सरकार और पूर्वी बंगाल के प्रान्तीय सरकार को सलाह दे सकते हैं। पूर्वी बंगाल की घटनाओं को नियन्त्रित नहीं कर सकते। । एन। वी। गाडगिल, जो नेहरू मन्त्रिमण्डल में पुनर्वास और शहरी विकास के कैबिनेट मन्त्री थे, ने अपनी आत्मकथा 'गवर्नमेंट फ्रॉम इनसाइड' में लिखा है कि एक बार पाकिस्तान में हिन्दुओं के नरसंहार और प्रताड़ना पर गृह मन्त्री सरदार पटेल ने सुझाव दिया कि दोनों देश हिन्दू-मुस्लिम जनसख्या का आदानप्रदान कर ले। नेहरु इस पर ग़ुस्सा गये और बोले की हमारा देश धर्मनिरपेक्ष देश है।

श्यामा प्रसाद की सारी उम्मीदें तब धराशाई हो गयी जब पण्डित नेहरू ने पाकिस्तान के प्रधानमन्त्री लियाकत अली खान को अल्पसंख्यकों के कल्याण के लिए एक और समझौता करने के लिए आमन्त्रित किया। श्यामा प्रसाद ने इस आमन्त्रण का विरोध किया और पण्डित नेहरू को पहले के समझौते के हश्र के बारे में याद दिलाया। यह भी कहा जाता है कि श्यामा प्रसाद ने समझौते में दण्डात्मक कार्रवाई करने का प्रावधान जोड़ने की माँग की थी। इसके अनुसार जो भी देश समझौते का उल्लंघन करेगा, उसके ख़िलाफ़ दण्डात्मक कार्रवाई की जायेगी। जब प्रधानमन्त्री मुकर्जी के प्रश्नों का उत्तर नहीं दे पाये तो वह अपना आपा खो दिए। श्यामा प्रसाद ने नेहरू से कहा कि आप महत्त्वपूर्ण राष्ट्रीय प्रश्न जैसे पूर्वी बंगाल में निर्मित स्थिति से अपना मुँह नही मोड़ सकते हैं। यह पूरे कैबिनेट की संयुक्त। ज़िम्मेदारी है। अब मुकर्जी को लगने लगा था कि वह ना तो देश का भला कर सकते हैं और नहीं मन्त्रिमण्डल में बने रहकर पूर्वी बंगाल के लोगों के प्रति अपने वादा को पूरा कर सकते हैं। उन्हें एक ही विकल्प नज़र आ रहा था–कैबिनेट मन्त्री से त्याग-पत्र देने का। डॉ श्यामा प्रसाद मुकर्जी ने पहली अप्रैल 1950 को अपने त्याग-पत्र के विचार से नेहरू को अवगत कराया। 2 अप्रैल को पण्डित नेहरू और लियाकत अली के बीच वार्ता शुरू होने वाली थी। नेहरू तुरन्त श्यामा प्रसाद के त्याग-पत्र देने के विचार से सहमत हो गये। श्यामा प्रसाद ने नेहरू को कहा कि उनका इरादा वार्ता के दौरान उनको शर्मिंदा करने का नहीं है, इसलिए उनके त्याग-पत्र को अमल में लियाकत अली के भारत से प्रस्थान करने के बाद ही लाया जाये। 3 अप्रैल की सुबह कैबिनेट की बैठक होने वाली थी। श्यामा प्रसाद ने कहा कि उनका इस्तीफ़ा विचाराधीन है। इसलिए कैबिनेट की बैठक में शामिल होना उनके लिए ठीक नहीं है। लेकिन नेहरू ने उन्हें कैबिनेट की बैठक में आना जारी रखने के लिए कहा।

6 अप्रैल 1950 को पण्डित जवाहर लाल नेहरू को लिखे पत्र में श्यामा प्रसाद

ने अपना त्याग-पत्र दे दिया। और यथाशीघ्र उन्होंने अपने को कैबिनेट के दायित्व से मुक्त करने का अनुरोध किया। त्याग-पत्र का कारण बताते हुए मुकर्जी ने पत्र में लिखा था कि भारत-पाकिस्तान सम्बन्ध में नेहरू की नीति और विशेष कर उनकी नीति के वजह से उपजी पूर्वी बंगाल की समस्या है। अपने त्याग-पत्र की एक प्रति उप प्रधानमन्त्री सरदार वल्लभभाई पटेल को भी भेजा और पत्र में सरदार पटेल को उन पर अपना विश्वास और प्रेम के लिए आभार प्रकट किया। बलराज मधोक जिनको श्यामा प्रसाद के साथ जनसंघ में नज़दीकी से कार्य करने का मौका मिला था वह लिखते हैं कि दूसरे मन्त्री जैसे सरदार पटेल नहीं चाहते थे कि श्यामा प्रसाद कैबिनेट छोड़कर जाये उन्होंने उन पर काफ़ी दबाव दिया कि अपना त्याग-पत्र वापस ले ले। यहाँ तक की पण्डित नेहरू ने भी बाद में शमा प्रसाद से त्याग-पत्र पर पुनर्विचार करने के लिए कहा लेकिन श्यामा प्रसाद वापस लेने के लिए तैयार नहीं हुए।

डॉ श्यामा प्रसाद अपने त्याग-पत्र देने के बाद 19 अप्रैल 1950 को संसद में अपने एक वक़्तव्य में कहा कि क्यों वह नेहरू-लियाकत समझौते का हिस्सा नहीं बनना चाहते थे। उन्होंने कहा कि जब भारत का विभाजन अपरिहार्य था तो वह बंगाल विभाजन के पक्ष में जनमत तैयार करने में बहुत बड़ी भूमिका निभाई थी। क्योंकि मुझे लगा कि यदि ऐसा नहीं किया गया तो पूरा बंगाल और असम भी पाकिस्तान में चला जायेगा। उस समय थोड़ा भी मुझे पता नहीं था कि मैं केन्द्रीय कैबिनेट का हिस्सा बनूंगा। श्यामा प्रसाद ने कहा कि वह और लोगों के साथ मिलकर पूर्वी बंगाल के लोगों को आश्वासन दिलाया था कि यदि भविष्य की पाकिस्तान सरकार के हाथों में उन्हें पीड़ित किया जाता हैं,यदि उन्हें नागरिकता जैसी प्राथमिक अधिकार से वंचित किया जाता है,उनके जीवन और सम्मान को तबाह बर्बाद किया जाता है तो स्वतन्त्र भारत निष्क्रिय दर्शक के रूप में नहीं रहेगा, बल्कि भारत और भारत के लोग उनके लिए निर्णायक और साहसिक कदम उठायेगे। श्यामा प्रसाद ने कहा कि पूर्वी बंगाल के अल्पसंख्यकों की भारत से रक्षा की उम्मीद मानवता के आधार पर नहीं बल्कि भारत के राजनीतिक स्वतन्त्रता और बौद्धिक उन्नति में जो उन लोगों ने असहनीय पीड़ा उठाया है जो त्याग किया है, उसके कारण भारत से रक्षा के अधिकारी हैं।

नेहरू लियाकत समझौते के बाद भी कोई ऐसा दिन नहीं होता था,जब पूर्वी बंगाल में अल्पसंख्यक के साथ अत्याचार और हिंसा की खबरे समाचार पत्रों में न हो।

जनसंघ के नेता के रूप में

श्यामा प्रसाद ढाई साल कैबिनेट में एक प्रभावी और सक्षम मन्त्री के रूप में अपने कार्यों का निष्पादन किया। पण्डित जवाहरलाल नेहरू की कश्मीर नीति को लेकर श्यामा प्रसाद पहले से ही सहमत नहीं थे। फिर पूर्वी बंगाल में अल्पसंख्यकों का नरसंहार और नेहरू की पाकिस्तान नीति उनके कैबिनेट से त्याग-पत्र का तत्कालीन कारण बना। श्यामा प्रसाद का मन्त्रिमण्डल से त्याग-पत्र पूरे देश में चर्चा का विषय बन गया। हालाँकि, कांग्रेस ने इस समाचार को दबाने का पूरा प्रयास किया। श्यामा प्रसाद का यह कदम उन्हें राष्ट्रीय नेता बना दिया था। कई राजनीतिक विश्लेषकों का कहना है कि श्यामा प्रसाद एक प्रान्तीय नेता के रूप में देश के प्रथम कैबिनेट में शामिल हुए थे। लेकिन, वापस एक राष्ट्रीय नेता के रूप में आये। हालाँकि उन्होंने हिन्दू महासभा के राष्ट्रीय अध्यक्ष के रूप में वह पूरे देश का भ्रमण किया था। एक तरह से हिन्दू महासभा के नेता के रूप में वह राष्ट्रीय राजनीतिक में प्रवेश कर चुके थे।

श्यामा प्रसाद ने जब त्याग-पत्र दिया तो उस समय कांग्रेस के, खासकर पण्डित नेहरू की पाकिस्तान नीति के सबसे बड़े आलोचक के रूप में उभरे। श्यामा प्रसाद के विचार से सहमति रखने वाले कांग्रेसी नेता ने भी उनके इस कदम का प्रशंसा किया। दिल्ली में लोगों ने उनके त्याग-पत्र के बाद बहुत बड़ा स्वागत समारोह का आयोजन किया। इस स्वागत समारोह में समाज के सभी क्षेत्रों से लोग उनके स्वागत के लिए इकट्ठा हुए। कांग्रेसी सांसद विष्णु कामत भी इस समारोह में शामिल हुए। इनके आलावा जो इस स्वागत समारोह में प्रमुख लोग शामिल हुए थे–उनमें राष्ट्रीय स्वयं सेवक संघ के दिल्ली के संघचालक लाला हंसराज गुप्ता, प्रचारक वसन्त राव कृष्णा ओक,लाला योध राज और मौली चन्द्र शर्मा थे। मौली चन्द्र शर्मा संघ पर प्रतिबन्ध के समय सरकार और संघ के बीच मध्यस्था में महत्त्वपूर्ण भूमिका निभाया था। स्वागत समारोह की अध्यक्षता दिल्ली के प्रमुख उद्योगपति श्री प्रकाश

दत्ता भार्गव ने किया था। इस अवसर पर मुकर्जी ने कहा था–"आज ढाई साल के आधिकारिक एकान्तवास के बाद मैं आपके बीच आकर आजादी की ताजी हवा में साँस ले रहा हूँ।"

कलकत्ता शहर में भी 21 मई,1950 को मुकर्जी का भव्य स्वागत समारोह हुआ। इसमें करीब तीन लाख लोग इकठ्ठा हुए और उनकी उनकी बातों को सुना। यहाँ भी आये लोगों ने मुकर्जी से नई पार्टी का नेतृत्व करने का उम्मीद जताया। दिल्ली के स्वागत समारोह में भी नई पार्टी की शुरुआत करने के लिए मुकर्जी से कहा गया था।

उस समय भारत में केवल एक दल का प्रभुत्व था। कोई संगठित विपक्ष नहीं था। कुछ सांसद व्यक्तिगत तौर पर विपक्ष की भूमिका निभाते थे। इसमें हृदयनाथ कंजरू जैसे कांग्रेसी नेता भी शामिल थे। लेकिन जब संसद में मतदान की बात होती थी तो सब एक जगह ही मतदान करते थे। श्यामा प्रसाद के त्याग-पत्र से ऐसा लग रहा था कि संसद और संसद के बाहर एक विपक्ष खड़ा होगा, जो एक स्वस्थ लोकतन्त्र के लिए बहुत अनिवार्य था। आजादी के पूर्व कांग्रेस ही एक बड़ा दल था जिसमें अलग-अलग विचारधारा रखने वाले लोग थे। मुस्लिमलीग दूसरा दल था जो अपने को केवल मुसलमानों तक सीमित रखता था। और मुस्लिम का पार्टी होने का दावा भी करता था। मुस्लिम लीग कांग्रेस पर हिन्दुओं की पार्टी होने का आरोप लगाया करतीथी। बँटवारे के बाद मुस्लिम लीग अलग पाकिस्तान लेकर चला गया। आजादी के बाद सिर्फ़ कांग्रेस बचा। हालाँकि महात्मा गांधी ने कांग्रेस को भंग करने की सलाह दी थी। महात्मा गांधी का मानना था कि इसका कार्य सिर्फ़ देश की आजादी तक था। अब जिनको राजनीतिक करनी है, वह अपना अलग दल बनाए और चुनावी राजनीति करें। लेकिन पण्डित नेहरू इस विरासत को आगे बढ़ाना चाहते थे। जो हुआ भी, जिसका फायदा कांग्रेस को भारत की राजनीति में एकल प्रभुत्व वाली पार्टी के रूप में काफ़ी वर्षों तक मिलता रहा। क्योंकि लोगों के जेहन में यह था कि केवल कांग्रेस ने ही आजादी दिलाई है। जबकि आजादी सारे विचार और सर्व समाज का संयुक्त प्रयास था।

श्यामा प्रसाद के त्याग-पत्र से एक सशक्त विपक्ष मिलने की उम्मीद जग गयी थी। बाद में उनके कैबिनेट के साथी रहे क्षितिश चन्द्र नियोगी और जॉन मथाई भी उनके साथ आ गये । लेकिन यह दोनों कुछ दिनों बाद अपने को सक्रिय राजनीति से बाहर कर लिए।

श्यामा प्रसाद जब कैबिनेट से बाहर आये तब सांसद थी। लेकिन वह अभी संविधान सभा के रूप में कार्य कर रही थी। उसमें सदस्य अप्रत्यक्ष रूप से राज्यों के विधानसभा से चुनकर आये थे। जयप्रकाश नारायण और आचार्य नरेन्द्र देव ने प्रजा सोशलिस्ट पार्टी की शुरुआत की थी। लेकिन यह भी उस समय तक कांग्रेस के एक घटक की तरह ही कार्य कर रहा था। दूसरी ओर, रामराज प्रजा परिषद थी, जो अभी अपनी शुरुआत ही की थी। अभी तक इसकी सुगबुगाहट राजस्थान और मध्य प्रदेश तक ही था। और यह दल अपने विचारों को लेकर काफ़ी संकीर्ण था।

डॉ श्यामा प्रसाद मुकर्जी हिन्दू महासभा से पहले ही इस्तीफ़ा दे चुके थे। हिन्दू महासभा के कई सिद्धान्तों से मुकर्जी सहमत नही थे। डॉ. मुकर्जी हिन्दू महासभा के अखिल भारतीय अध्यक्ष रहे थे। लेकिन दिसंबर 1948 में वह हिन्दू महासभा से अपना त्याग-पत्र दे चुके थे। देश स्वतन्त्र हो गया था। मुकर्जी चाहते थे कि हिन्दू महासभा अपने सदस्यता केवल हिन्दूओं तक ही सीमित न रखें, बल्कि सारे धार्मिक समुदाय के लिए अपने सदस्यता खोल दे। लेकिन महासभा इसके लिए तैयार नहीं था। तब श्यामा प्रसाद ने सुझाव दिया कि यदि सदस्यता सीमित रखनी है तो हिन्दू महासभा को एक सामाजिक-सांस्कृतिक संगठन तक ही सीमित रखना चाहिए। श्यामा प्रसाद का मानना था कि हमारे यहाँ मुस्लिम भी है। हम एक लोकतांत्रिक देश है। इसलिए एक राजनीतिक दल को बिना किसी धार्मिक भेदभाव का सदस्यता देना चाहिए। श्यामा प्रसाद के विचार से हिन्दू महासभा सहमत नहीं हुआ तो अन्त में श्यामा प्रसाद ने दिसंबर 1948 में हिन्दू महासभा से अपना इस्तीफ़ा दे दिया। हालाँकि उनका इस्तीफ़ा हिन्दू महासभा ने मई 1950 को स्वीकार किया।

इधर 30 जनवरी 1948 में महात्मा गांधी की हत्या के उपरान्त राष्ट्रीय स्वयंसेवक संघ (आरएसएस) पर प्रतिबन्ध लगा दिया गया था। वजह यह था कि नाथूराम गोडसे दो-तीन सालों के लिए राष्ट्रीय स्वयंसेवक संघ से जुड़े थे। जबकि राष्ट्रीय स्वयंसेवक संघ से जुड़ने के पहले वह कांग्रेस से भी जुड़े रहे। संघ (आरएसएस) छोड़ने के बाद वह हिन्दू महासभा से जुड़ गये थे। अन्त में गोडसे ने अपनी संस्था हिन्दू राष्ट्र दल बनाया, जिसके मुखपत्र में गोडसे ने राष्ट्रीय स्वयंसेवक संघ की जमकर आलोचना किया करते थे। यह जानते हुए भी की नाथूराम गोड का राष्ट्रीय स्वयंसेवक संघ के साथ कोई सम्बन्ध नहीं रहा। फिर भी संघ को बदनाम करने के लिए नेहरू के नेतृत्व वाली कांग्रेस की सरकार ने संघ को प्रतिबन्धित किया। माधव सदाशिव गोलवलकर 'गुरुजी' समेत करीब 20 हजार स्वयंसेवकों को गिरफ़्तार कर

लिया गया। जबकि महात्मा गांधी 16 सितंबर 1947 को राष्ट्रीय स्वयंसेवक संघ के दिल्ली कैंप में आये थे और संघ के कार्यों की तारीफ़ कियाथा।

कोई किसी संस्था से कभी पूर्व में जुड़ा था,यदि प्रतिबन्ध लगाने का ये आधार हो तो कांग्रेस को भी प्रतिबन्ध कर देना चाहिए था। 5 अगस्त 1948 को गुरूजी और अन्य गिरफ़्तार किये गये स्वयं सेवको को छोड़ना पड़ा। लेकिन संघ पर प्रतिबन्ध जारी रहा। सदाशिवराव गोलवलकर 'गुरूजी' संघ से प्रतिबन्ध हाटाने के लिए नेहरु और सरदार पटेल से निवेदन करते रहे। अन्त में दिसम्बर 1948 को गोलवलकर ने स्वयं सेवको से सत्याग्रह करने को आग्रह किया। देशभर में हजारों स्वयंसेवको ने सत्याग्रह किया। अन्त में 11 जुलाई ,1950 को संघ से प्रतिबन्ध हटा दिया गया।

संघ से प्रतिबन्ध हटने के बाद नये राजनीति दल बनाने को लेकर चर्चा चलने लगी। के। आर मलकानी ने प्रतिबन्ध हटने के बाद 1 दिसम्बर, 1949 के ऑर्गनाईजर के अंक में अपने एक लेख में लिखा कि संघ को राजनीति में ज़रूर आना चाहिए, केवल अपनी रक्षा के लिए नहीं बल्कि भारतीय और भारत विरोधी राजनीति को रोकने के लिए संघ को एक राजनीतिक संगठन की ज़रूरत है।

1949 से 1950 के बीच संघ और राजनीति को लेकर के। आर मलकानी,बलराज मधोक, सी परमेश्वरन जैसे लोगो ने ऑर्गनाइजर में लेख लिखे। ऐसे ही अपने एक लेख में सी। परमेश्वरन ने लिखा कि भारत को केवल भारतीय संस्कृति और धर्म की ही ज़रूरत नहीं है बल्कि इसे फलने-फूलने के लिए भी भारतीय राजनीति और आर्थिक प्रणाली की ज़रूरत है। ऐसे ही एक लेख 23 जनवरी 1950 के अंक में दादाराव परमार्थ ने मौजूद चार राजनितिक दलों को ख़ारिज किया। उनके लेख का आशय था कि उस समय ऐसा कोई राजनितिक दल नहीं दिखाई दे रहा था, जिसे संघ समर्थन करता। कांग्रेस को किसी तरह सत्ता में बने रहना था। उन्होंने आरोप लगाया कि सत्ता ही उसका लक्ष्य था। साम्यवादी दलें ज़ोर-ज़बर्दस्ती पर विश्वास करती थी और इनकी निष्ठा भी देश से बहार थी। समाजवादियों में नेतृत्व की कमी थी। हिन्दू महासभा वास्तविकता से कोशो दूर था।

एक दक्षिण भारतीय क्रिश्चियन लेखक ऍनथोनी एलेंजीमिटन 1951 में प्रकाशित अपनी पुस्तक 'द फिलॉसफी एंड एक्शन ऑफ़ आर. एस. एस. फॉर हिन्द स्वराज (The Philosophy And Action of RSS for Hind Swaraj)' में भी संघ को राजनीति में भागीदारी पर ज़ोर दिया। उनका तर्क था कि आज संघ का नव राष्ट्रवाद,जो नव-वेदान्तवाद, अनुशासनात्मक शक्ति और मज़बूत संगठन पर

आधारित है,मुख्य राष्ट्रीय शक्ति है। इस मज़बूत राष्ट्रवाद पर देश के सभी नागरिक एक जुट होकर भारत माता के सन्तान के रूप में अपने देशभक्ति के लक्ष्य को पूरा कर सकते हैं। (Today, the neo-nationalism of the RSS, rooted in the neo-vedantism and strong organizational and disciplinary strength, is the main force. On this strong nationalism, all citizens of India can unite to fulfil their patriotic mission as common children of mother India).

बलराज मधोक के भी लेख आयेजिसमें उन्होंने एक नये और भारतीयता पर आधारित राजनीतिक दल के निर्माण की वकालत किया। हालाँकि गुरु जी (सदाशिवराव गोलवलकर) अपने विचार में स्पष्ट थे कि संघ सीधे राजनीति क्रियाकलापों में भाग नहीं लेगा और ना ही चुनावी राजनीति में रहेगा। नयी राजनीतिक दल बनाना चाहिए या नहीं इसको लेकर चर्चा चल ही रहा थी, उसी समय श्यामा प्रसाद भी, जैसा की इस पाठ्य में पहले ही चर्चा किया जाचुका है कि नेहरु की कश्मीर नीति और पाकिस्तान में अल्पसंख्यको के साथ हो रहे वर्ताव को लेकर नेहरु कैबिनेट से त्याग-पत्र दे चुके थे। डॉ मुकर्जी नयी पार्टी बनाने को लेकर पहले से ही राष्ट्रीय स्वयं सेवक संघ के सम्पर्क में थे। वह पहले से ही संघ के कार्यों से प्रभावित थे। बलराज मधोक लिखते हैं कि 1930 के आस-पास ही श्यामा प्रसाद राष्ट्रीय स्वयंसेवक संघ के संस्थापक डॉ. केशव राव बलीराम हेडगेवार के सम्पर्क में आ गये थे। वह संघ कार्य देश के विभाजन से पूर्व देख चुके थे1940 में राष्ट्रीय स्वयंसेवक संघ के सभा को सम्बोधित करते हुए संघ को भारत के मेघमय आकाश में अकेला सिल्वर लाइन (only silver lining in cloudy sky of India) कहकर सम्बोधित किया था। नवम्बर 1949 और जुलाई 1950 के बीच नई पार्टी बनाने को लेकर श्यामा प्रसाद और गोलवलकर के बीच कई मुलाकात हो चूकी थी। क्रैग बग्स्टर अपनी पुस्तक 'द जनसंघ: ए बायोग्राफी ऑफ़ ऍन इंडियन पोलिटिकल पार्टी' में लिखा है कि त्याग-पत्र के बाद भी मुकर्जी पर कांग्रेस में शामिल होने का दबाव था। ये दबाव सरदार पटेल वाले गुट से था। उनको लगता था कि मुकर्जी कांग्रेस में शामिल हो जायेंगे तो पटेल ग्रुप कांग्रेस में मज़बूत होगा। भारत के पूर्व उपप्रधानमन्त्री और भारतीय जनता पार्टी पूर्व अध्यक्ष लाल कृष्ण अडवाणी ने अपने एक सक्षात्कार में मुकर्जी के बारे में बात करते हुए बताया है कि डॉ मुकर्जी राष्ट्रीय स्वयंसेवक संघ (आरएसएस) के संघचालक 'गुरु जी' एम. एस. गोलवलकर से नई पार्टी बनाने के सम्बन्ध में मुलाकात की थी। डॉ मुकर्जी ने गुरूजी से कहा कि

वह एक नई राजनीतिक दल का गठन करना चाहते हैं। वह चाहते है कि आरएसएस इसमें मदद करे। लाल कृष्ण अडवाणी कहते है–"जहाँ तक मुझे याद है गुरूजी ने मुकर्जी को कहा कि उनके नये दल बनाने के विचार से पूरी तरह सहमत हूँ। लेकिन आरएसएस के लिए यह सम्भव नहीं है कि वह एक राजनीतिक संगठन को सर्थन दे। हालाँकि, गुरूजी ने यह कहा कि आरएसएस में कुछ लोग है जो राजनीति में रूचि रखते हैं। मै उनको सलाह दूंगा कि वह नई पार्टी के साथ कार्य करे। मुझे याद है कि मुकर्जी ने गुरूजी से आग्रह किया किमुझे संघ के कुछ प्रमुख कार्यकर्त्ता चाहिए। परिणाम स्वरुप, बहुत से आरएसएस प्रचारक ने भारतीय जन संघ में शमिल हुए। कही से एक, कही से दो, कही से तीन।"

इस तरह आरएसएस कार्यकर्त्ता जनसंघ में आये। उसमें पण्डित दीनदयाल उपाध्याय, अटल बिहारी वाजपेयी, कुशाभाऊ ठाकरे, नाना जी देशमुख, जगनाथ राव जोशी और लाल कृष्ण अडवाणी थे, जो उस समय राजस्थान में संघ के प्रचारक थे।

16 जनवरी, 1951 को स्वयंसेवकों का एक ग्रुप दिल्ली में पंजाब और दिल्ली क्षेत्र में नयी पार्टी का रूप-रेखा तय करने के लिए मिले। इस ग्रुप में बलराज मधोक, पण्डित चन्द्रमौली शर्मा, दिल्ली के संघचालक लाला हंसराज गुप्ता, पंजाब संघ के सचिव धर्मवीर, आर्य समाजी और उर्दू दैनिक प्रताप के सम्पादक महेश कृष्णन, संघ कार्यकर्त्ता भाई महावीर जो भाई परमानन्द के पुत्र थे, बलराज भल्ला शामिल थे। डॉ. मुकर्जी को भी इस बैठक में आमन्त्रित किया गया था। मुकर्जी ने प्रयास की सराहना की, लेकिन अखिल भारतीय स्तर पर पार्टी के निर्माण पर ज़ोर दिया। डॉ. मुकर्जी का एक अखिल भारतीय छवि था। वे त्याग पत्र देने के बाद पूरे भारत में भ्रमण किये थे, लोगों से मिले थे।

अखिल भारतीय जनसंघ के स्थापना से पूर्व राज्यों में अलग-अलग नाम से संगठन का गठन किया गया। बंगाल में डॉ. मुकर्जी ने 5 मई 1951 को पीपुल पार्टी के नाम से संगठन बनाया। 27 मई को दिल्ली ग्रुप ने जालंधर में बैठक कर पंजाब इकाई का गठन किया। बलराज भल्ला इसके अध्यक्ष चुने गये। चन्द्रमौली शर्मा उपाध्यक्ष और बलराज मधोक को सचिव चुना गया। इस इकाई के अन्दर पंजाब और हिमाचल प्रदेश भी शामिल था।

बलराज भल्ला ने उत्तर भारत में भ्रमण शुरू किया और वहाँ पर राज्य इकाईयों का गठन किया। दिल्ली इकाई का गठन भल्ला ने करवाया और इसका अध्यक्ष वैद्य गुरुदत्त को चुना गया। इसी तरह उत्तर प्रदेश,मध्य भारत (मध्य प्रदेश), और असम

इकाई का गठन हुआ। मध्य भारत में अध्यक्ष बद्रीलाल दवे और सचिव मनोहर राव मोंगे को चुना गया। इसी तरह कर्नाटक,विन्ध्य प्रदेश,गुज़रात असम में भी इकाई गठित की गयी।

डॉ. मुकर्जी और बलराज भल्ला ने 8 सितम्बर को राज्य इकाईयों की समीक्षा बैठक बुलाई। बैठक चार राज्यों–बिहार, कर्नाटका ,राजस्थान और ओड़िसा का प्रतिनिधित्व नहीं था। फिर दिल्ली ग्रुप ने इन राज्यों में जाकर प्रदेश इकाई का गठन किया। उत्तर प्रदेश में कृष्ण पाल सिंह को अध्यक्ष और दीनदयाल उपाध्याय को संगठन सचिव, राजस्थान में अध्यक्ष चिरणजीत लाल मिश्रा,और सचिव सुन्दर सिंह भण्डारी को चुना गया। पटना में 13-14 अक्टूबर को एक सम्मेलन बुलाया गया। इस सम्मेलन की अध्यक्षता कानपुर के बार-एट-लॉ नरेन्द्रजीत सिंह ने किया। अधिवक़्ता ठाकुर प्रसाद को इकाई का सचिव चुना गया। बिहार में अध्यक्ष का चुनाव नहीं हुआ, केवल सचिव ही चुना गया। जम्मू में पहले से ही सक्रिय प्रजापरिषद को जनसंघ का इकाई मान लिया गया। ऐसे ही पहले से अस्तित्व में आये स्वाधीन जनसंघ को ओडिशा का इकाई मान लिया गया।

21 अक्टूबर,1951 को राघोमल आर्य बालिका विद्यालय, नई दिल्ली में सभी राज्यों से लोग एकत्रित हुए। बलराज भल्ला के अस्थायी अध्यक्षता में प्रस्ताव पारित कर जनसंघ की स्थापना की गयी। डॉ. श्यामा प्रसाद मुकर्जी को नयी पार्टी का पहला अध्यक्ष मनोनीत किया गया। डॉ. मुकर्जी का पहला अध्यक्षीय भाषण हुआ, जिसका अधिक्तर अंश चुनावी घोषणा-पत्र में शामिल किया गया। जब मुकर्जी अध्यक्षीय भाषण देने के लिए खड़े हुए तो कुछ जो प्रतिनिधि थे, उनका भाषण अंग्रेज़ी में सुनना चाहते थे। मुकर्जी की हिन्दी तब तक काफ़ी अच्छी हो गयी थी। उन्होंने उस राष्ट्रीय स्तर के सम्मेलन को राष्ट्र भाषा हिन्दी में ही सम्बोधित किया। उन्होंने अपने पहले अध्यक्षीय भाषण में यह स्पष्ट किया कि हमारी पार्टी केवल चुनाव लड़ने के लिए नहीं बनी है और आने वाले आम चुनाव का नतीजा कुछ भी आये,हमें पार्टी का कार्य चुनाव के बाद भी जारी रखना है। सभी वर्गों के लोगों में आशा और सद्‌भावना का सन्देश पहुचाना है और उन्हें एक ख़ुशहाल और अधिक समृद्ध स्वतन्त्र भारत के पुनर्निर्माण के लिए उनके सर्वश्रेष्ठ प्रयास को प्राप्त करने का कोशिश करना है।

उन्होंने जनसंघ के स्थापना के मुख्य कारणों में एक कारण यह बताया कि कांग्रेस क्यों तानाशाह हो गयी है, क्योंकि एक सुसंगठित विपक्ष का आभाव है। अकेला एक सुसंगठित विपक्ष ही बहुमत वाली पार्टी के क्रियाकलापों पर स्वस्थ

नितन्त्रण रख सकती है। और देश के सामने एक वैकल्पिक सरकार का दृष्टिकोण रख सकती है।

मुकर्जी ने अपने भाषण में राष्ट्रवाद, अल्पसंख्यकवाद, पाकिस्तान और कश्मीर से सम्बन्धित नीति, कलाबाज़ारी, भ्रष्टाचार जैसे विषयों को उठाया। सभा को सम्बोधित करते हुए उन्होंने कहा–"भारतीय जनसंघ आज एक अखिल भारतीय राजनीतिक दल का स्वरुप ले रहा है, जो विपक्ष में प्रमुख दल के रूप में कार्य करेगा...विपक्ष का मतलब एक ज़िम्मेदार सरकार के सामने आने वाली सभी समस्याओं के प्रति संवेदनहीन या विनाशकारी दृष्टिकोण नहीं है...हमारा उद्देश्य सभी समस्याओं से रचनात्मक ढंग से निपटना है।"

भारत की विदेश नीति पर बोलते हुए डॉ मुकर्जी ने कहा कि–"हम अधिनायकवाद के विरोधी हैं। हम मानते हैं कि प्रत्येक राष्ट्र को अपनी राष्ट्रीय नीति और जीवन के प्रति दृष्टिकोण को लोगों की प्रतिभा और परम्पराओं के अनुसार आकार देने की स्वतन्त्रता होनी चाहिए। दुनिया को भारत का सन्देश 'जियो और जीने दो' का सिद्धान्त रहा है। जब तक भारत के अपने स्वयं के प्रतिमान को निर्धारित करने के अधिकार में हस्तक्षेप नहीं किया जाता है, तब तक कोई कारण नहीं है कि हमें अन्य सभी देशों के साथ मैत्रीपूर्ण सम्बन्ध नहीं बनाए रखना चाहिए"।

श्यामा प्रसाद ने कहा कि हमने अपनी पार्टी की सदस्यता जाति-पन्थ या समुदाय से परे भारत के सभी नागरिकों के लिए खोल दिया है। हम मानते हैं कि रीति-रिवाजों, आदतों, धर्म और भाषा के मामले में भारत एक अद्वितीय विविधता प्रस्तुत करता है, लोगों को साझी मातृभूमि की भावना के प्रति गहरी भक्ति और निष्ठा से प्रेरित होकर भाईचारे के बन्धन से एकजुट होना चाहिए। उन्होंने कहा कि जाति और धर्म के आधार पर राजनीतिक अल्पसंख्यकों को प्रोत्साहित करना खतरनाक होगा। लेकिन भारत की विशाल आबादी के सभी वर्गों के लोगों को आश्वस्त करना चाहिए कि जो वास्तव में अपनी मातृभूमि के प्रति वफादार हैं, वे कानून के तहत पूर्ण सुरक्षा तथा सामाजिक, आर्थिक और राजनीतिक सभी मामलों में उनके साथ समान व्यवहार हो। हमारी पार्टी इस दिशा में आवाज उठाने और कार्य करने का आश्वासन देती है।

श्यामा प्रसाद ने जनसंघ के संगठन का गठन किया। भाई महावीर और मौली चन्द्र शर्मा को सचिव नियुक्त किया। बलराज मधोक, योधराज, दीनदयाल उपाध्याय, वसन्त राव ओक, लाला हंसराज और दूसरे सदस्यों को कार्य परिषद् का सदस्य बनाया।

जिस दिन जनसंघ का औपचारिक गठन हुआ, उसी दिन शाम को गांधी मैदान में एक विशाल जनसभा में सुभाष चन्द्र बोस को स्मरण करते हुए श्यामा प्रसाद ने कहा कि सुभाष चन्द्र बोस 21 अक्टूबर को ही इंडियन नेशनल आर्मी (आई.एन.ए.) अर्थात आजाद हिन्द फ़ौज की शुरुआत की थी। उन्होंने आश्वशत किया कि भारतीय जनसंघ देश की सेवा में आई.एन.ए. के परम्परा को जारी रखेगी।

डॉ. श्यामा प्रसाद मुकर्जी के द्वारा लोक सभा में उठाये गये मुद्दे और उनके व्यक्तित्व की लोकप्रियता के बदौलत जन संघ पहली चुनाव में गया। जैसा की पहले उल्लेख किया जा चुका है कि डॉ. श्यामा प्रसाद मुकर्जी नेहरु कैबिनेट में उधोग मन्त्री के रूप काफ़ी अच्छा प्रदर्शन किया। इनके कार्यकाल में राज्य के स्वामित्व वाले उधोग जैसे सिन्दरी फर्टिलाइजर वर्क्स, हिन्दुस्तान एयरक्राफ्ट फैक्ट्री, चितरन्जन लोकोमोटिव जैसे कारखानों के निर्माण का काम पूरा हुआ। एक प्रखर राष्ट्रवादी के साथ श्यामा प्रसाद मुकर्जी की छवि एक आधुनिक भारत के निर्माता की बन गयी थी। भारतीय जनसंघ राष्ट्रीय स्वयं सेवक संघ के वैचारिक प्रेरणा से अस्तित्व में आया था। इसलिय ज़्यादातर राष्ट्रीय स्वयं सेवक संघ के ही कार्यकर्ता जनसंघ में भी आये थे। श्री गुरुजी का साफ़ निर्देश था कि संघ किसी चुनावी राजनीति में हिस्सा नहीं लेगा। लेकिन स्वयंसेवक व्यक्तिगत स्तर पर जन संघ से जुड़ सकते थे। वैचारिक स्तर पर समानता होने के कारण और स्वयंसेवकों के व्यक्तिगत स्तर पर जन संघ में सक्रियता का लाभ भारतीय जनसंघ परोक्ष-अपरोक्ष रूप से ज़रूर मिला।

हालाँकि मुकर्जी क्षेत्रीय और छोटे-छोटे दलों के साथ गठबन्धन का प्रयास किया। जनता पार्टी, राम राज्य परिषद्, हिन्दू महासभा जैसे विपक्षी दलों से गठबन्धन करना चाहते थे। लेकिन कोई ख़ास सफलता नहीं मिली। हिन्दू महासभा से कोई गठबन्धन नहीं हुआ। लेकिन कही-कही सीटों पर समर्थन को लेकर समझ बनायीं गयी। अविभाजित बिहार के राजा कामख्यानारायण सिंह की छोटानागपुर संथाल परगना जनता पार्टी का जनसंघ में विलय या गठबन्धन की बात हुई, लेकिन सफल नहीं मिली। फिर भी जनसंघ जनता पार्टी के विरोध में उम्मीदवार नहीं दिए। जनसंघ स्थानीय दल जमींदार पार्टी व पुरुषार्थी परिषद् से गठबन्धन किया। राव बिरेन्द्र सिंह के नेतृत्व वाली जमींदार पार्टी जिसका प्रभाव सिर्फ़ आज के हरियाणा में रोहतक,फरीदाबाद के जिलों में था और दूसरी पुरुषार्थी परिषद् सीर्फ राजस्थान के अजमेर तक सीमित थी।

जन संघ ने पण्डित नेहरु के धर्मनिरपेक्षता पर प्रश्न खड़े किये। और हिन्दू बिल को मुद्दा बनाया। एक तरफ नेहरु ने हिन्दू बिल लाकर हिन्दू धर्मालम्बियों के

अधिकारों की कटौती की थी। दूसरी तरफ मुस्लिम पर्सनल लॉ को छुआ तक नहीं था। इस चुनाव में सकारात्मक यह रहा कि जन संघ राष्ट्रीय पार्टी का दर्जा पाने में सफल हो गयी।

1952के लोक सभा चुनाव में भारतीय जन संघ 93 सीटों पर अपने उम्मीदवार उतारे। लेकिन विजय मात्र 3 सीटों पर हासील हुई। दो सीटें पश्चिम बंगाल से और एक राजस्थान से प्राप्त हुईं। पश्चिमबंगाल से डॉ. श्यामा प्रसाद मुकर्जी स्वयं जीते थे और दूसरा दुर्गा चरण उपाध्याय ने विजय हासिल की थी। राजस्थान के चितौर से जनसंघ के उमाशंकर त्रिवेदी ने जीते दर्ज की।

श्यामा प्रसाद मुकर्जी निर्णय-प्रक्रिया में बहुत ही लोकतान्त्रिक थे। राष्ट्रीय स्वयं संघ के पूर्व सर संघ चालक प्रो. राजेन्द्र सिंह ने अपने एक साक्षात्कार में डॉ. मुकर्जी से अपने एक मुलाकात की चर्चा की है। उन्होंने बताया की एक बार श्यामा प्रसाद मुकर्जी कालका मेल से दिल्ली से कलकत्ता जाने के लिए सफ़र कर रहे थे। दीनदयाल जी का टेलेफोनकॉल आया कि डॉ. मुकर्जी एक घंटे में इलाहाबाद (प्रयागराज) पहुचेगें। उनका चाय का समय होगा तो कुछ लोगों के लिए चाय का व्यवस्था स्टेशन पर करना है। प्रो. राजेद्र सिंह कुछ लोगों के साथ स्टेशन पहुचे। राजेन्द्र सिंह अपना परिचय देना चाहा। श्यामा प्रसाद उन्हें तुरन्त पहचान लिए और बोले की पिछली बार भी आप ही स्टेशन आये थे, मुझे याद है। उस समय राजस्थान के एक महत्त्वपूर्ण कांग्रेस नेता अपने समर्थकों के साथ जनसंघ में शामिल होना चाहते थे। उनके आने से राजस्थान के आधे दर्जन विधानसभा सीट पर प्रभाव पड़ता। प्रो. राजेन्द्र सिंह और अन्य लोग इस विषय पर डॉ. मुकर्जी का विचार जानना चाहते थे। लेकिन डॉ मुकर्जी नेकांग्रेस के नेता का जनसंघ में शामिल करने के विषय पर उल्टा कार्यकर्ताओं की राय माँग ली। उन्होंने ने पूछा की आपलोग इस विषय पर क्या सोचते हैं। प्रो. राजेन्द्र सिंह बताते है–"हम देख सकते हैं कि डॉ. मुकर्जी कार्यकर्ताओं को कैसे प्रोत्साहित करेंगे। मुकर्जी ने मुझसे से पूछा कि युवा प्रोफ़ेसर इस बारे में क्या कहते हैं। राजनीतिक कौशल की कमी के लिए माफ़ी माँगते हुए, मैंने फिर भी अपनी राय व्यक्त की कि जब कोई पार्टी नये सिरे से बनती है, समान विचारधारा वाले लोगों तक ही सीमित रहना बेहतर है जो पार्टी को मज़बूत कर सकते हैं। यदि एक पार्टी के असन्तुष्ट लोग दूसरी पार्टी में चले जाते हैं और बाद वाली पार्टी के कुछ लोग पहली पार्टी में शामिल हो जाते हैं, तो ऐसी स्थिति उत्पन्न होगी जब असन्तुष्ट तत्व अपनी पार्टी से असन्तुष्ट हो जायेंगे, वे हमें छोड़कर घर (मूल

पार्टी) लौट जायेंगे। मेरे कहने का मतलब यह है कि पार्टी को इस तरह मज़बूत किया जाना चाहिए ताकि इसमें सम्भावित भगोड़े न हों। यह तभी सम्भव हो सकता है, जब सदस्य पार्टी से जुड़े रहने के लिए तैयार हों, भले ही उस पार्टी के पास राजनीतिक रूप से उल्लेखनीय प्रगति नहीं होती है। आख़िरकार संघ में भी हम इसी भावना से काम करते हैं। डॉ. मुकर्जी ने कहा कि मैं सही था और वह भी यही निर्णय लेने जा रहे हैं। डॉ. मुकर्जी को संगठन के बारे में सही धारणा थी। वह लोग विचारों और कार्यों से एक साथ बन्धे हुए हैं।"

मुकर्जी जनसंघ के पुनः अध्यक्ष निर्वाचित

1952 में मुकर्जी जनसंघ का पुन: अध्यक्ष निर्वाचित हुए। दूसरे आम चुनाव के पहले जम्मू-कश्मीर के शेख़ अब्दुल्ला की नीतियाँ भारत की एकता के लिए खतरनाक साबित हो रही थी। शेख़ अब्दुल्ला एक स्कूल शिक्षक थे। 1930 में स्कूल शिक्षक की नौकरी छोड़कर मुस्लिम कांफ्रेंस की स्थापना किया। अब्दुल्ला ने महाराजा हरी सिंह के नीतियों के ख़िलाफ़ जम्मू कश्मीर के प्रशासन के लोकतान्त्रिककरण के नाम पर आन्दोलन शुरू किया। जम्मू कश्मीर समस्या के जानकारों का कहना है कि शेख़ अबुल्ला का मुख्य लक्ष्य प्रशासन का लोकतान्त्रिकरण नहीं बल्कि जम्मू कश्मीर के मुस्लिमों को साम्प्रदायिक आधार पर संगठित करना था। यह आन्दोलन जम्मू-कश्मीर में मुस्लिम जनता के बीच में शेख़ अब्दुल्लाह को बहुत लोकप्रिय बना दिया था। इस आन्दोलन के परिणाम स्वरुप जून 1931 में हिन्दू-मुस्लिम के बीच साम्प्रदायिक दंगे भड़क गये । महाराजा हरी सिंह ने दंगे के जाँच का आदेश दिया। और साथ ही जम्मू कश्मीर के प्रशासन में जनता की वृहत भागीदारी की भी अनुशंसा की। यह सब घटनाएँ जम्मू कश्मीर में प्रजापरिषद् के जन्म का कारण बना। शेख़अब्दुल्लाह ने भी अपनी पार्टी को विस्तार देने के लिए इसका नाम मुस्लिम कांफ्रेंस से नेशनल कांफ्रेंस कर दिया। 10 मई 1950 को शेख़ अब्दुल्लाह ने महाराजा हरी सिंह के ख़िलाफ़ कश्मीर छोड़ने के लिए आन्दोलन शुरू कर दिया। इस आन्दोलन में 'कश्मीर छोड़ों' स्लोगन दिया गया। अब्दुल्ला ने कश्मीरी जनता को जेहाद छेदने की अपील की। परिणाम स्वरूप कश्मीर प्रशासन ने 20 मई 1946 को अब्दुल्ला को गिरफ़्तार कर लिया। पण्डित नेहरू ने अब्दुल्ला को तुरन्त राज्य सरकार से रिहा करने की माँग की तथा उन्होंने कश्मीर जाने का निर्णय लिया। हरि सिंह की नेतृत्व वाली राज्य सरकार ने उनका जम्मू कश्मीर में प्रवेश प्रतिबन्धित कर दिया। फिर भी प्रतिबन्ध का अवहेलना करते हुए पण्डित नेहरू कश्मीर जाने का

निश्चय किया। वायसराय ने भी उनको जम्मू कश्मीर जाने से मना किया। लेकिन वह 20 जून 1946 को जम्मू कश्मीर में प्रवेश कर गये और गिरफ़्तार कर लिए गये। दो दिन बाद 22 जून को रिहा भी कर दिए गये। अपनी जम्मू कश्मीर में प्रवेश का कारण बताते हुए पण्डित नेहरू ने बताया था कि पूरा भारत मेरा घर है और मैं भारत के किसी भी भाग में जा सकता हूँ। देश आजाद हुआ पण्डित नेहरू जम्मू कश्मीर को हैंडल करने की ज़िम्मेदारी ख़ुद ली। जबकि गृह मन्त्री के नाते देश के अन्य रियासतों का भारत में विलय की ज़िम्मेवारी सरदार पटेल पर थी। उन्होंने हैदराबाद और जूनागढ़ जैसे जटिल रियासतों का पूर्ण विलय भारत में आसानी से करा दिया। लेकिन पण्डित नेहरू की शेख़ अब्दुल्ला के प्रति नरम रवैया ने जम्मू कश्मीर के पूर्ण विलय करने में रोड़ा साबित हुआ। पण्डित नेहरु ने अब्दुल्ला के विशेष प्रावधान की माँग को मान लिया। अनुच्छेद 370 के तहत जम्मू कश्मीर के लिए विशेष प्रावधान करना पड़ा, जो जम्मू कश्मीर के भारत के मुख्य धारा में जोड़ने में सबसे बड़ा अवरोधक साबित हुआ, जिसे 5 अगस्त 2019 को मोदी सरकार ने हटाकर जम्मू कश्मीर राज्य का भारत में पूर्ण एकीकरण किया।

प्रो. चमन लाल गुप्ता जो जम्मू से सांसद भी रहे, प्रजा परिषद आन्दोलन में सक्रिय थे। उन्होंने एक साक्षात्कार में श्यामा प्रसाद मुकर्जी का प्रजा परिषद के आन्दोलन से जुड़ने के बारे में ज़िक्र किया था। उन्होंने उस साक्षात्कार में बताया है–"यद्यपि जम्मू और कश्मीर का विलय भारत में हो गया था। लेकिन यह केवल पेपर पर था। वास्तव में वह एक अलग राज्य ही था। भारतीयों को जम्मू कश्मीर जाने के लिए विशेष परमिट लेनी पड़ती थी। और कश्मीरी को भी भारत आने के लिए विशेष परमिट लेनी पड़ती थी। हम लोग जम्मू में दो संविधान, दो झण्डा और दो प्रधान के ख़िलाफ़ आन्दोलन कर रहे थे। एक काफ़ी विचित्र दृश्य हुआ, जब भारतीय वहाँ तिरंगा फहराने के लिए प्रयास कर रहे थे। उन पर पुलिस फायरिंग की गयी, जिसमें 13 नौजवान शहीद हो गये।"[3]

वह बताते है कि उसके बाद प्रजा परिषद के प्रमुख नेताओं के नेतृत्व में एक प्रतिनिधि मण्डल कानपुर में जनसंघ के हो रहे अधिवेशन में श्यामा प्रसाद मुकर्जी से मिलने पहुँचा। प्रतिनिधि मण्डल ने डॉ. मुकर्जी से शेख़ अब्दुल्ला द्वारा किये जा रहे हिन्दुओं पर अत्याचार के बारे में अवगत कराया। मुकर्जी ने उस कानपुर अधिवेशन में ही घोषणा किया कि स्थिति का जायजा लेने के लिए वह स्वयं जम्मू कश्मीर जायेंगे। मुकर्जी ने कहा कि जब 560 रियासतें बिना किसी शर्त का भारत में विलय

कर गयी तो जम्मू कश्मीर को भारत में विलय करने में क्या समस्या है। जबकि पहले ही महाराजा हरी सिंह और भारत सरकार के बीच विलय के दस्तावेज पर हस्ताक्षर हो चुके हैं। मुकर्जी सभा में ही घोषणा किये कि या तो संविधान में संशोधन कराएंगे या अपनी प्राणों का बलिदान दे देगें। मुकर्जी अपने वादे के अनुसार स्थिति का जायजा लेने के लिए अक्टूबर 1952 में जम्मू का प्रवास किया। उसके बाद मुकर्जी का जम्मू कश्मीर में प्रवेश मई 1953 में हुआ। चमन लाल गुप्ता अक्टूबर 1952 के अपनी मुलाकात के बारे में चर्चा करते हुए बताया है–"सम्भवत अक्टूबर के महीने में 1952 में वह जम्मू का प्रवास किये थें। हम लोगों को उम्मीद थी कि वह अपना प्रवास का पूरा समय हम जनसंघ के कार्यकर्ताओं के साथ जम्मू में व्यतीत करंगे। लेकिन शेख़ अब्दुल्लाह का टेलीफोन कॉल आने पर मुकर्जी हवाई जहाज से कश्मीर के लिए रवाना हो गये और शाम में जम्मू वापस आये। हमलोगों को शेख़ अब्दुल्लाह के साथ उनकी मुलाकात अच्छी नहीं लगी। क्योंकि अब्दुल्ला हिन्दुओं का जम्मू कश्मीर में उत्पीड़न कर रहा है और राज्य के भारत में पूर्ण विलय में बाधक भी था। जब जम्मू लौटकर श्यामा प्रसाद ने एक बड़ी सभा को सम्बोधन किया और शेख़ के साथ अपनी चर्चा का विस्तृत विवरण दिया तो हम लोग को यकीन हुआ कि मुकर्जी शेख़ अब्दुल्लाह के साथ मीटिंग करके अच्छा काम किया है।"[4]

1952 के जम्मू-कश्मीर का चुनाव प्रजा-परिषद् लड़ने का निर्णय लिया। लेकिन प्रजापरिषद् को शेख़अब्दुल्ला सरकार के दमन का सामना करना पड़ा। प्रजापरिषद के उम्मीदवारों का किसी न किसी आधार पर नामाँकन रद्द किया जाने लगा। इस परिस्थिति में केन्द्र सरकार या चुनाव आयोग से कोई सहायता नहीं मिल रही थी। कांग्रेस पार्टी पहले ही जम्मू व कश्मीर में चुनाव नहीं लड़ने का निर्णय कर लिया था। इस तरह कांग्रेस ने नेशनल कांफ्रेंस को समर्थन कर दिया था। ऐसी परिस्थिति में प्रजा परिषद् के लिए चुनाव लड़ना मुश्किल होता जा रहा था। अन्ततः प्रजा परिषद् चुनाव का बहिष्कार करने का निर्णय लिया। परिणाम स्वरुप शेख़ अब्दुल्ला की नेशनल कांफ्रेंस कुल 75 सीटें जम्मू व कश्मीर के संविधान सभा में बिना लड़ें ही जीत गयी।

प्रजापरिषद् अब्दुल्ला सरकार द्वारा चुनाव में धांधली और जम्मू व कश्मीर के विशेष प्रावधान के ख़िलाफ़ आन्दोलन शुरू कर दिया। प्रजा परिषद् की माँग थी कि एक देश में दो विधान,दो निशान ,दो प्रधान नहीं चलेगा। जनसंघ श्यामाप्रसाद मुकर्जी के नेतृत्व में प्रजा परिषद् के समर्थन में पूरे देश में आन्दोलन शुरू कर दिया। इस सम्बन्ध श्यामा प्रसाद ने प्रवास करना भी शुरू किया।

ऐसे ही एक प्रवास का ज़िक्र पाँचजन्य में मिलता है। "26 अप्रैल ,1953 को भारतीय जनसंघ के अध्यक्ष डॉ. श्यामाप्रसाद मुकर्जी का पटना प्रवास हुआ। डॉ. मुकर्जी के पटना प्रवास पर अख़बारों ने लिखा कि डॉ. मुकर्जी के भ्रमण से बिहार की राजनीति में एक परिवर्तन सा दिखने लगा है। अनेक कांग्रेसी अब यह खुलेआम कहने लगे हैं कि प्रजा परिषद् की माँग उचित है। पटना के स्थानीय अख़बारों ने डॉ. मुकर्जी के भाषण को केवल प्रथम पृष्ठ पर प्रकशित ही नहीं किया, बल्कि संपादकीय टिपण्णी भी लिखी। गांधी मैदान में हजारों की संख्या में जनता उनका भाषण सुनने पहुँची। पाँचजन्य के रिपोर्ट के अनुसार दिल्ली सत्याग्रह में भाग लेने के लिए जा रहे सत्याग्रहियों के जत्थों का जिस प्रकार स्वागत हुआ, वह ब्रिटिश सरकार के समय के असहयोग आन्दोलन की याद दिलाती है। जिलों में जत्थे तैयार हो रहे हैं। और दिल्ली के लिए रवाना हो रहे हैं।"

दिल्ली में सरकार सत्याग्रहियों को गिरफ़्तार कर रही थी। सत्याग्रहियों को जम्मू कश्मीर जाने के लिए पंजाब से होकर जाना पड़ता था। बहुत से सत्याग्राही पंजाब में भी गिरफ़्तार कर लिए जाते थे। अप्रैल 1953 में भारतीय जनसंघ के जो तीन राज्यों के प्रधान पंजाब जेल में बन्द किये गये। उनमें बिहार जनसंघ के प्रधान अधिवक़्ता शिवकुमार द्विवेदी, उत्तरप्रदेश के राजकुमार श्रीवास्तव, और दूसरा विन्ध्य प्रदेश के राजकिशोर शुक्ल थे। 1953 के जून के प्रथम सप्ताह तक लगभग दस हजार सत्याग्रहियों को गिरफ़्तार किया जा चूका था।

डॉ. मुकर्जी का प्रयास था कि आन्दोलन अहिंसात्मक और शान्ति पूर्ण ढंग से चले। जम्मू कश्मीर के परिस्थितियों को जानने के लिए जनसंघ के उमाशंकर द्विवेदी और जी. वी. देशपाण्डे को जम्मू भेजा गया। लेकिन दोनों जम्मू-कश्मीर में प्रवेश से रोक दिए गये। तब डॉ. मूकर्जी ने निर्णय लिया कि वे स्वयं जम्मू कश्मीर जायेंगे और वह भी बिना कोई परमिट लिए हुए। डॉ. मुकर्जी ने कहा कि पण्डित नेहरु कई बार कह चुके हैं कि जम्मू-कश्मीर का सौ प्रतिशत भारतीय संघ में विलय हो गया है। फिर भारत के नागरिक को जम्मू कश्मीर में प्रवेश के पहले परमिट की क्यों ज़रूरत पड़ती है। शेख़ अब्दुल्लाह ने दिल्ली में श्यामा प्रसाद मुकर्जी से सम्पर्क किया और उन्हें जम्मू-कश्मीर जाने से मना करने की कोशिश की। पण्डित जवाहर लाल नेहरु ने भी उन्हें जम्मू-कश्मीर जाने की योजना को रद्द करने के लिए सलाह दिया। लेकिन मुकर्जी एक बार जो ठान लेते थे, उसको करके मानते थे। गिरफ़्तारी की भी धमकी के बावजूद मुकर्जी जम्मू कश्मीर की ओर बिना परमिट का प्रस्थान कर गये।

अख़बारों ने लिखा कि अब्दुल्ला सरकार द्वारा जम्मू-कश्मीर को भारत से अलग करने के लिए डाले गये लौह आवरणों को तोड़कर मुकर्जी कश्मीर में घुसने की कोशिश की और गिरफ़्तार कर लिए गये।

मुकर्जी से गुरुदासपुर के पुलिस उपकप्तान पाठनकोट में मिले और कहा कि पंजाब सरकार द्वारा आपको बिना परमिट के अपने साथियों के साथ जम्मू-कश्मीर जाने की इज्जाजत दी गयी है। 11 मई 1953 को रावि नदी के पास माधोपुर चेकपोस्ट पर पुलिस उपायुक्त और दूसरे अधिकारियों ने उनका स्वागत किया तथा सफल यात्रा की शुभेच्छा भी दी। लेकिन आधेपुल को पार करते ही अब्दुल्ला सरकार की जम्मू कश्मीर पुलिस ने उन्हें उनके साथी वैद्य गुरुदत्त और श्री टेक चन्द के साथ गिरफ़्तार कर लिया। अटल बिहारी वाजपेयी जो उनके सहयोगी के रूप में साथ थे, उनसे डॉ. मुकर्जी ने कहा कि जाओं और भारत की जनता से कह दो कि वह जम्मू-कश्मीर में बिना परमिट का प्रवेश कर गये। उन्होंने कहा कि मुझे ख़ुशी है कि जम्मू-कश्मीर पहुँच गया, चाहे एक बन्दी के रूप में ही क्यों ना।

प्रो. चमन लाल गुप्ता बताते हैं कि वह उससमय वह कॉलेज के विद्यार्थी थे। अन्य लोगों के साथ उन्हें भी रावी नदी के पुल के पास डॉ मुकर्जी के स्वागत करने की ज़िम्मेवारी दी गयी थे। वह बताते हैं किउन्होंने देखा की मुकर्जी गुरुदासपुर के उप पुलिस आयुक्त के साथ माधोपुर पहुचें। पहले उप-पुलिस आयुक्त ने यह आश्वशत किया था कि उन्हें बिना परमिट का और बिना किसी रूकावट और परेशान किये बिना जम्मू कश्मीर में प्रवेश की अनुमति दी गयी है। गुप्ता कहते हैं "पुल पर वरिष्ठ पुलिस अधिकारी के साथ बड़ी संख्या में कश्मीर पुलिस की मौजूदगी देखकर हमलोग चकित हो गये। जैसे ही कारों का काफिला वहाँ पहुँचा, कश्मीर के एक वरिष्ठ पुलिस अधिकारी ने डॉ. मुकर्जी से राज्य में प्रवेश के लिए विशेष परमिट की माँग की। डॉ. मुकर्जी ने धैर्य पूर्वक बताया कि वह भारतीय संसद के सदस्य और भारत के नागरिक हैं। इसलिए उन्हें किसी भी भारतीय क्षेत्र में प्रवेश करने के लिए परमिट की आवश्यकता नहीं है। पुलिस अधिकारी ने कहा, आप गिरफ़्तार कर लिए गये हैं। इस तरह उन्हें हिरासत में ले लिया गया। उनके साथ वैद्य गुरुदत्त, जो एक साहित्यकार और दिल्ली जनसंघ के अध्यक्ष थे और टेक चन्द शर्मा को भी गिरफ़्तार कर लिया गया और गिरफ़्तार करके सीधे श्रीनगर ले जाया गया। डॉ. मुकर्जी के नाजुक स्वास्थ्य और उम्र पर कोई विचार नहीं किया गया।[5]"

23 जून 1953 को पुलिस हिरासत में उनकी मृत्यु की खबर आयी। 23 जून 1953 की सुबह थी, जब आशुतोष मुकर्जी रोड स्थित श्यामा प्रसाद के घर के

टेलीफोन की घण्टीबजी। लगभग पौने छः हो रहे होंगे। फोन पर ऑपरेटर ने बताया कि जस्टिस मुकर्जी श्यामा प्रसाद के बड़े भाई (जस्टिस रमा प्रसाद मुकर्जी)के लिए व्यक्तिगत ट्रंक कॉल श्रीनगर से है। यह समाचार घर में फैल गयी। सभी लोग कॉल पर इस उम्मीद से इन्तज़ार करने लगे की श्यामा प्रसाद की आवाज सुनने को मिलेगी। उनकी माँ को भी टेलीफोन के नज़दीक लाया गया ताकि वह अपने बेटे से बात कर सके। जस्टिस मुकर्जी कॉल कनेक्ट होने का इन्तज़ार कर रहे थे। जस्टिस मुकर्जी का कॉल कश्मीर के ऑपरेटर के साथ कनेक्ट नहीं हो पा रहा था। फिर दिल्ली का ऑपरेटर बीच में हस्तक्षेप किया ताकि कश्मीर के ऑपरेटर से संदेश सुनकर परिवार को बता सके। दिल्ली के ऑपरेटर की आवाज आ रही थी। वह कश्मीर के ऑपरेटर से बात कर रहा था। लेकिन कश्मीर के तरफ से लाइन ऑफ़ था। दिल्ली का ऑपरेटर श्रीनगर से आवाज सुनकर जस्टिस मुकर्जी को दोहरा रहा था। उसने कहा कि श्रीनगर से बता रहे हैं कि आपके लिए शेख़ अब्दुल्ला का संदेश है। सन्देश में बता रहे हैं कि डॉक्टर श्यामा प्रसाद मुकर्जी की मृत्यु हो गयी है। उनका पार्थिव शरीर कहाँ भेजा जाये। जस्टिस मुकर्जी सुनकर स्तब्ध रह गये और ऑपरेटर से कहा कि वह कुछ समझ नहीं पा रहे हैं। वह जानना चाहते हैं कि वास्तव में क्या हुआ और कौन यह सूचना दे रहा है। तब ऑपरेटर ने विस्तृत जानकारी ली और बताया कि डॉ. श्यामा प्रसाद मुकर्जी को तीन दिन पहले प्लूरिसी का अटैक आया और कल 22 जून को हॉस्पिटल ले जाये गये। और उनका आज सुबह 3:40 में हृदय गति रुक जाने से मृत्यु हो गयी। जस्टिस मुकर्जी को विश्वास नहीं हो रहा था। उन्होंने पूछा की सूचना देने वाला कौन है। तब ऑपरेटर ने बात करके बताया कि जम्मू कश्मीर के उपगृह मन्त्री दुर्गा दास धर लाइन पर हैं। उन्होंने यह बात बताई है। उसके बाद जस्टिस मुकर्जी तुरन्त कहा की पार्थिव शरीर को कोलकाता भेजा जाये और घटना के बारे में पूरी जानकारी दी जाये। इस तरह यह हृदय विदारक खबर मुकर्जी के और परिवार के सदस्यों तक पहुँची।

अटल बिहारी वाजपेयी उस समय दिल्ली में थे। मुकर्जी के मृत्यु के ऊपर बात करते हुए उन्होंने एक साक्षत्कार में बताया है–"यह बहुत बड़ा सदमा था, ख़ासकर इसलिए, क्योंकि उनकी बीमारी की कोई खबर नहीं आयी थी। बाद में पता चला कि उन्हें बिल्कुल अनुपयुक्त स्थान पर रखा गया था और उन्हें इधर-उधर घूमने की भी इजाजत नहीं थी। हमलोगों को पता चला कि उन्हें पर्याप्त चिकित्सा सुविधाएँ भी उपलब्ध नहीं करायी गयीं।"[6]

डॉ मुकर्जी को डल झील के किनारे पर्वत श्रृंखला के ढलान पर अवस्थित एक कॉटेजनुमा बंगले में रखा गया था। जिसमें छोटे-छोटे तीन कमरे थे। एक कमरे में डॉ. मुकर्जी को रखा गया था तथा शेष दो कमरे में गुरुदत्त वैद्य और टेक चंद शर्मा को रखा गया था। इसमें चौथा कोई कमरा नहीं था। जब प्रजा परिषद के नेता प्रेमनाथ डोगरा को बन्दी बनाकर 19 जून को लाया गया तो उन्हें टेंट लगा कर रखा गया। उस कॉटेज का कंपाउंड फलों के वृक्ष और सब्जियों के पौधों से पटा था। टहलने के लिए टेनिस कोर्ट से भी छोटा लॉन था। वहाँ कोई मेडिकल ऐड की ब्यवस्था नहीं थी। मुख्य शहर 10 मिल दूर था। डॉक्टर की ज़रूरत पड़ने पर शहर से बुलाना पड़ता था। मुकर्जी को अपने को स्वस्थ रखने के लिए सुबह और शाम में लम्बा टहलना पड़ता था। वहाँलम्बा टहलने की कोई व्यवस्था नहीं थी। नहीं टहलने के वजह से उनकी भूख भी ख़त्म होने लगी। घाटी की प्रतिकूल जलवायु उनके लिए अच्छी नहीं थी। उन्हें उच्च रक्तचाप था। अधिक ऊँचाई उनके लिए हानिकारक थी। उन्हें कश्मीर में रखना चिकित्सकीय दृष्टि से गलत था। उन्हें जम्मू के किसी जेल में रखना चाहिए था। मुकर्जी के मित्र और सम्बन्धीयों ने उनसे मिलने की अनुमति माँगी, लेकिन उन्हें अब्दुल्ला सरकार ने अनुमति नहीं दी। उनके बड़े बेटे पिता से मिलने के लिए कश्मीर जाने की परमिट माँगी। उन्हें भी परमिट नहीं दिया गया। बलराज मधोक लिखते है कि पण्डित नेहरु और डॉ काटजू 24 मई को श्रीनगर आराम करने के लिए पहुचे थे। उस दौरान उनलोगों ने औपचारिकता भी मुकर्जी से मिलकर उनकी स्थिति का जायेजा लेना उचित नहीं समझा।

उनके मृत्यु के बाद उनकी बड़ी बेटी सविता अपने पति के साथ पर्यटक बनकर कश्मीर गयी थी। उनकी मुलाकात उस नर्स से हुई जो मुकर्जी के साथ उनके अन्तिम क्षणों में थी। इस बात की चर्चा तथागत रॉय ने अपनी पुस्तक में की है। तथागत रॉय ने लिखा है कि सविता पहले उस डॉक्टर से मिलना चाहती थी, जो उनका अन्तिम क्षणों में इलाज किया था। हालाँकि वह नहीं मिल पाई। उनके साथ अन्तिम क्षण में रहने वाली नर्स राजदुलारी टिक्कू से जानकारी लेनी चाही,लेकिन बहुत कोशिश करने पर नर्स बात करने के लिए इस शर्त पर तैयार हुई कि उसका नाम कभी भी चर्चा नहीं लाया जाये। नर्स ने बताया कि जब मुकर्जी बीमार पड़े तो उन्हें प्रसूति गृह लाया गया। वह उस समय सो रहे थे। डॉक्टर जो देखा, वह देखकर चला गया और जाते समय बताया कि मुकर्जी जब जगे तो उन्हें यह इंजेक्शन दे देना। उसके लिए डॉक्टर ने एमम्प्यूल नर्स को दे दिया। नर्स ने बताया कि जब मुकर्जी कुछ देर बाद जगे तो

उसने वह इंजेक्शन दे दिया। उसने कहा कि जैसे ही मुकर्जी को इंजेक्शन दिया तो वह उछल पड़े और बोला कि 'जल जाता है ,हमको जल रहा है'। नर्स टेलेफोन की तरफ दौड़ी ताकि डॉक्टर को सूचना दे और पूँछ सके कि वह अब क्या करे। लेकिन डॉक्टर ने कहा की सब ठीक हो जायेगा। इस बीच मुकर्जी बेहोश हो गये। और सदा के लिए मौत के नींद सो चुके थे। हालाँकि नर्स ने बताया कि मुझे इंजेक्शन नहीं देना चाहिए था। पता नहीं मै डॉक्टर के कहने पर ऐसा क्यों की। ऐसा पता चला की वह नर्स उस दिन बहुत गुस्से में थी, यदि डॉक्टर मिल जाता तो उसका गिरबान पकड़ लेती। लेकिन डॉक्टर मिला नहीं।

डॉ. मुकर्जी के संदेहास्पद मृत्यु के खबर का असर व्यापक पड़ा। लोगों द्वारा उनकी मृत्यु के जाँच की माँग भी की गयी। समाजवादी नेता जय प्रकाश नारायण को भी मुकर्जी के अचानक मृत्यु पर संदेह हुआ और उन्होंने भी जांच की माँग की। मुकर्जी गिरफ़्तारी के दौरान अपने परिवार को पत्र भेजा करते थे। उन पत्रों में उन्होंने ज़िक्र किया है कि वह अपना समय अध्याय और लेखनी में व्यतीत करते हैं। और अपनी डायरी नियमित लिखतेहैं । लेकिन कश्मीर सरकार ने उनके पार्थिव शरीर के साथ डायरी और दूसरी उनकी लेखनी नहीं भेजी थी। मुकर्जी के भाई ने कश्मीर प्रशासन से अनुरोध किया था कि उनकी डायरी और दूसरी लेखनी भिजवा दी जाये। लेकिन कश्मीर प्रशासन ने ऐसा कोई भी चीज़ होने से इनकार कर दिया। इसलिए लोगों का सन्देह और भी गहरा हो जाता है कि कश्मीर अथॉरिटी ने डायरी को जानबूझकर रख लिया है।

पूर्व गवर्नर सुन्दर सिंह भण्डारी डॉ श्यामा प्रसाद के अध्यक्षीयकाल में राजस्थान जनसंघ के सचिव थे। उन्होंने भी मुकर्जी के मृत्यु को लेकर सन्देह व्यक्त किया है। उन्होंने ज़िक्र किया है कि यह सबको पता था कि नम मौसम में मुकर्जी का स्वास्थ्य ठीक नहीं रहता है। राज्य सरकार को सूचित किया गया था कि उन्हें सन्धिवात (rheumatism) की बीमारी है। उन्हें एक बंगले में गिरफ़्तार करके रखा गया था। किसी को उनसे मिलने की इजाजत नहीं दी गयी थी। उनके साथ गिरफ़्तार किये गये गुरु दत्त, टेक शर्मा और कश्मीर में उनके रिहा कराने की पैरवी कर रहे बैरिस्टर यू ऍम त्रिवेदी को भी नहीं पता चला कि मुकर्जी की तबीयत ख़राब है। सुन्दर सिंह भण्डारी के शब्दों में–"राज्य सरकार ने उन्हें एक इंजेक्शन दिया, हालाँकि वे जानते थे कि उन्हें उस विशेष दवा से एलर्जी थी। ऐसा लगता है कि उस इंजेक्शन के कारण उनकी मृत्यु हो गयी। वर्षों तक हम डॉ. मुकर्जी की मृत्यु की परिस्थितियों की जाँच

की माँग करते रहे, लेकिन सरकार ने आदेश देने से इनकार कर दिया"। 7 सुन्दर सिंह भण्डारी का आशय था कि मुकर्जी की मृत्यु एक षडयन्त्र था।

23 जुलाई 1953 के अंक में पाँचजन्य ने लिखा कि जम्मू आन्दोलन का प्रारम्भ कश्मीर में पूर्णतया मिलाने के लिए किया गया था। प्रजापरिषद के इस आन्दोलन में भारतीय जनसंघ, हिन्दू महासभा तथा रामराज्य परिषद् ने एक संयुक्त संघर्ष समिति का निर्माण करके देशव्यापी सत्याग्रह आन्दोलन मार्च में प्रारम्भ कर दिया था, लेकिन 23 जून को डॉ. मुकर्जी के मृत्यु के साथ स्थगित हो गया।

उनके बलिदान के बाद, भारत और कश्मीर के बीच की समस्त मनोवैज्ञानिक बाधाएँ ध्वस्त हो गयीं। प्रजा परिषद की अन्य सभी माँगें पूरी कर दी गयीं। वहीं, भारतीय संसद, भारत के सर्वोच्च न्यायालय, भारत के राष्ट्रपति का अधिकार, भारतीय चुनाव आयोग और महालेखा परीक्षक का अधिकार क्षेत्र जम्मू और कश्मीर तक बढ़ा दिया गया। अब वहाँ भारतीय राष्ट्रीय ध्वज फहराया जाने लगा था। लेकिन फिर भी 370 की समाप्ति में 66 साल लग गये वो भी तब, जब जनसंघ से आरम्भ हुई भाजपा केन्द्र में पूर्ण बहुमत से सत्ता में आयीं। आज जम्मू-कश्मीर भारत में पूर्ण विलय के साथ देश की मुख्यधारा में आ चुका है।

समाप्ति नोटः

1. क्रैग बाग़्स्टर, पृष्ठ संख्या 68।
2. डॉ. श्यामा प्रसाद मुकर्जी ए कंटेम्परारी स्टडी, पृष्ठ संख्या 174।
3. वही, पृष्ठ संख्या 250।
4. वही, पृष्ठ संख्या 251
5. वही
6. वही, पृष्ठ संख्या 169।
7. वही, पृष्ठ संख्या 205

संसद में मुकर्जी

जैसा कि श्यामा प्रसाद बंगाल विधान सभा के भी सदस्य रहे और संसद में लोक सभा के भी सदस्य रहे। प्रथम लोक सभा के लिए चुने जाने के पहलेवह संविधान सभा के भी सदस्य थे। संसद में चर्चा के द्वारान दिए गये उनके भाषण देश की समस्यायों को लेकर उनकी सोच और दृष्टि को परिलक्षित करती है। वह बंगाल से संविधान सभा के सदस्य चुने गये थे। संविधान सभा में 'संविधान संविधान सभा: इसका गठन और चरित्र'' नामक प्रस्ताव पर बोलते हुए उन्होंने कहा कि मै ऐसा विश्वास करता हूँ कि हमारा इतिहास उतार-चढाव से भरा इतिहास रहा है। हमने अक्सर विभिन्न राजनितिक दलों और मंचो से अपनी मातृभूमि को एक स्वतन्त्र-सम्प्रभु राज्य बनाने के लिए संकल्प और प्रस्ताव पारित किये हैं। लेकिन जहाँ तक आज के संकल्प का सवाल है, इसमें बहुत गहरायी है और इसका विशेष महत्त्व है। ब्रिटिश शासन के अधीन आने के बाद से ऐसा हमारे देश के इतिहास में पहली बार हो रहा देश, जब हम अपना संविधान बनाने के लिए ख़ुद बैठे रहे हैं। यह वास्तव में एक बड़ी ज़िम्मेदारी है। यह एक गम्भीर और पवित्र विश्वास जिस पर हम भारतीयों ने सहमति जताई है। हम अपनी सर्वोत्तम क्षमता से प्रदर्शन करने का प्रस्ताव करते हैं।

उसी चर्चा में अल्पसंख्यक के मुद्दे पर अपना विचार व्यक्त करते हुए डॉ. मुकर्जी ने कहा–

"महोदय,जब हम अल्पसंख्यक की बात करते हैं तो सुझाव दिया जाता है कि मुस्लिम लीग अप्ल्संख्यक का एक मात्र प्रतिनिधित्वकर्ता है। जबकि ऐसा नहीं है। अन्य अल्पसंख्यक भी हैं! ...मैं सदन को याद दिलाना चाहता हूँ कि कम से कम भारत के चार राज्यों में हिन्दू अल्पसंख्यक हैं। यदि अल्पसंख्यक के अधिकार की रक्षा करनी है तो वहाँ अल्पसंख्यक समुदाय को मान्यता दी जानी चाहिए। ऐसे

अधिकारों का प्रभाव हर किसी पर पड़ना चाहिए क्योंकि अल्पसंख्यक एक प्रान्त से दूसरे प्रान्त में भिन्न हो सकते हैं। ...कल रात ही, लॉर्ड साइमन ने चौंकाने वाली घोषणा किया कि दिल्ली में बैठने वाली संविधान सभा में केवल हिन्दू ही शामिल है। बहुत सारे झूठे बयानबाजी इंग्लैंड में हुए, सबका लेखा जोखा रखना मुश्किल है। श्यामा प्रसाद ने कहा कि इस सभा में समाज के प्रत्येक समुदाय का प्रतिनिधित्व करने वाले लोग हैं। एंग्लो इंडियन है, पारसी हैं, क्रिस्चियन हैं, मुस्लिम हैं, जनजाती समाज से हैं, अनुसूचित जाती समाज से हैं। मुस्लिम लीग मुस्लिम समुदाय के एक वर्ग का प्रतिनिधित्व करती है। मैं इसे मुस्लिम समुदाय के एक बड़े वर्ग तक ले जाना चाहता हूँ। ...महोदय, हमें ब्रिटिश लोगों से हमेशा के लिए कहना चाहिए कि हम आपके साथ मित्रवत बने रहना चाहते हैं। आपने अपना करियर इस देश में व्यापारियों के रूप में शुरू कर दिया है। आप पहले भी याचक के रूप में महान मुग़ल के यहाँ आये थे। आप यहाँ की सम्पदा का दोहन करना चाहते थे। उस समय भाग्य आपके पक्ष में था। जालसाजी, धोखाधड़ी और बल द्वारा, आप इस देश में अपनी शासन स्थापित करने में सफल रहे–ये सब अब इतिहास की बाते हो गयी। लेकिन आप लोगों इस देश के लोगों के साथ सहयोग को इच्छुक नहीं थे। आपने अलग निर्वाचन क्षेत्रों की शुरुआत की, आपने भारतीय राजनीति में धर्म की शुरुआत की। भारतीयों ने ऐसा नहीं किया। आपने ऐसा केवल इस देश में अपनी शासन को कायम रखने के लिए किया। आपने इस देश में निहित स्वार्थ वाले ग्रुप पैदा कर दिये हैं, जो अब काफ़ी शक्तिशाली हो गये हैं। ...इस सबके बावजूद यदि आप सचमुच चाहते हैं कि आपका भारत के साथ भविष्य में मित्रता बनी रहे तो भारत के घरेलु समस्याओं में ब्रिटिश सरकार का कार्य नहीं है हस्तक्षेप करने की कोशिश न करे।"

संसद में 13 फरवरी 1951 निवारक निरोध अधिनियम (Preventive Detention) के संशोधनपर चर्चा में भाग लेते हुए अपना विचार व्यक्त किया। उन्होंने कहा–

"...हम यह महसूस करते हैं कि आज देश में कुछ ऐसे तत्व हैं जिनकी गतिविधियाँ लोगों के महत्त्वपूर्ण ही तो और समग्र रूप से राष्ट्र के हित के विरुद्ध जाते हैं। इनसे निपटने के लिए प्रतिबन्ध आत्मक उपाय अपनाना चाहिए। यह कहा गया कि सरदार पटेल ने जब यह विधायक प्रस्तुत किया था तब वह इससे ख़ुश नहीं थे मुझे याद है कि काफ़ी हृदय विधायक ढंग से इस तथ्य की चर्चा उन्होंने की थी कि कई रातों से वह ठीक से सो नहीं पाये हैं क्योंकि वह अपने आप को एक गृह मन्त्री के रूप में समझा नहीं पा रहे थे कि यह कठोर उपाय संसद के समय अनुमोदन

के लिए वह ला रहे हैं। हम जितनी भी सरकार की आलोचना करें लेकिन हमें यह स्पष्ट से स्वीकार करना चाहिए कि विधायक में संशोधन बहुत महत्त्वपूर्ण परिवर्तन लाएगा। और यह परिवर्तन बेहतर के लिए है। ...आप साम्यवाद को केवल प्रीवेंटिव डिटेंशन अधिनियम से नहीं मार सकते हैं। आप देश में अराजकता प्रीवेंटिव डिटेंशन की कार्यवाही से नहीं रोक सकते हैं। इस गहमागहमी का कारण क्या है? क्यों इतने लोग असन्तुष्ट हैं?...जो लोग सत्ता में है उन्हें लोग अपना नेता स्वीकार करते है बल के आधार पर नहीं, बल्कि स्नेह के आधार पर। तो उनकी सत्ता को क्यों चुनौती दी जा रही है? यह विचार या प्रतिविचार का प्रश्न नहीं है। यह प्रश्न ही नहीं है सरकार अकेले विफल रही। हम सब विफल रहे हैं। सांसद के नाते हमारी भी ज़िम्मेवारी उतनी ही है जितना सरकार की। आज ऐसा क्यों है कि अराजकता और अशान्ति की ओर बढ़ रहे मन को हम नियन्त्रित नहीं कर पा रहे हैं। बेशक इसका उत्तर आर्थिक स्थिति और कुशासन से सम्बन्धित है। जब तक हम आर्थिक समस्याओं का हल करने की स्थिति में नहीं होंगे, जब तक हम लोगों को एहसास दिलाने में सफल नहीं होंगे कि हम सही दिशा में जा रहे हैं तब तक हम कोई प्रीवेंटिव डिटेंशन से समस्याओं का समाधान नहीं निकाल सकते।...हम अपनी समस्याओं के समाधान के लिए अपना दर्शन और दृष्टिकोण विकसित करना होगा।

कम्युनिस्ट पार्टी में कुछ ऐसे लोग भी हो सकते हैं जो विदेशों से जुड़े हुए हैं, जो हमारे हिसाब से ग़लत, उनके हिसाब से सही, ऐसा सोचते हैं कि भारत की मुक्ति इसी रास्ते में है। हम उस विचार से सहमत नहीं हैं। हम इस राय को किसी भी तरह से साझा नहीं करते हैं कि भारत की नियति स्वयं को या तो एक गुट या दूसरे गुट का उपकरण बनाने में निहित होगी। भारत भारत रहा है। भविष्य में भी भारत ही बने, और हमें अपना विकास करना होगा। आज एक स्वतन्त्र देश के रूप में हमें जिन बड़ी समस्याओं का सामना करना पड़ रहा है, उनके समाधान के लिए हमें अपना स्वयं का दर्शन और अपना दृष्टिकोण विकसित करना होगा, लेकिन इसके लिए आपको लोगों को एक प्रेरक सन्देश और नारा देना होगा। विचारों का ज़बरन दमन या गलतियों का निवारण करने में लगातार विफलता से स्थिति गम्भीर रूप से खराब हो जायेगी। मैंने देखा है कि आपकी खरीद नीति (Procurement Policy) से प्रभावित लोगो, जो सामान्य गाँवों में हैं, अनपढ़ पुरुष हैं, के मामले में निवारक निरोध अधिनियम कैसे काम करता है।"

जब 1952 में पहले आम चुनाव हुए तो वह जनसंघ के नेता के रूप में पहली लोक सभा के सदस्य के रूप में लौटे। श्यामा प्रसाद लोकसभा के अपने पहले भाषण में लोकतन्त्र के प्रयोग के सफल बनाने के पहलुओं पर अपना दृष्टिकोण

रखा। जब पहली लोक सभा का पहला सत्र 1952 के अगस्त माह में समाप्त हुआ तो टाइम्स ऑफ़ इंडिया ने संसद में मुकर्जी की भूमिका को देखते हुए उनकी तुलना सरदार पटेल से की। टाइम्स ऑफ़ इंडिया ने लिखा कि डॉ. मुकर्जी पर सरदार पटेल का असर दिखा। जब तक सरदार पटेल जीवित रहे वह सरकार के भीतर से नेहरु पर गम्भीर और संयमित प्रभाव डालते थे। उनके बाद यह भूमिका डॉ. मुकर्जी सरकार से बाहर रहकर निभाते थे। उनके भाषण के कुछ अंश इस प्रकार हैं:

"हम, यहाँ भारत के सभी हिस्सों से वयस्क मताधिकार पर चुने गये प्रतिनिधि पुरुष और महिलाएँ हैं, जो विभिन्न दृष्टि कोणों का प्रतिनिधित्व करते हैं, लेकिन मैं यह जानता हूँ, सभी एक विचार से ओत-प्रोत हैं और केवल एक ही विचार रखते हैं कि कैसे अपनी स्वतन्त्रता को प्रभावी बनाया जाये और कैसे लाखों लोगों के हितों को आगे बढ़ाया जाये। यह इतिहास के सबसे महान प्रयोगों में से एक है कि हम हममें से हर किसी को, चाहे हम किसी भी समूह या पार्टी के हों, चाहे हम स्वतन्त्र हों या आश्रित, अपने बीच के मतभेदों की सराहना करते हुए समस्याओं को व्यापक दृष्टिकोण से देखने में सक्षम होना चाहिए और हमें ऐसे निष्कर्ष पर पहुँचना चाहिए जो देश के हित में हो। हमें अपने मतभेदों को समायोजित करने और यह निर्धारित करने की आवश्यकता है कि देश के सामने क्या विकल्प है। यदि यह महान प्रयोग विफल हो जाता है, यदि हम बहुसंख्यकों के अत्याचार के साथ या महापाषाण तानाशाही के तहत पुरानी शैली के अनुसार चलते रहते हैं, यदि ईमानदारी से व्यक्त किये गये विविध दृष्टिकोण को स्वीकार नहीं करते हैं और इन दृष्टिकोणों का समायोजन सफलतापूर्वक लोक तन्त्र के कार्य करने का एक आवश्यक घटक है। यदि ऐसा नहीं करते हैं तो विकल्प अराजकता होगा। यह विकल्फ लोगों के मन में असहायता, हताशा की भावना होगी और चीज़ें हर किसी के नियन्त्रण से परे हो जायेंगी।"

इस भाषण में उन्होंने बताया कि हमारा देश आज भी बड़ी समस्या और मुद्दों से गुज़र रहा है ,उसका समाधान पार्टी लाइन का अनुसरण करके नहीं होगा बल्कि उसे राष्ट्रीय समस्या मानकर संयुक्त प्रयास से ही समाधान होगा।

इस चर्चा में उन्होंने कश्मीर के विषय को उठाया। अपने भाषण में उन्होंने प्रधानमन्त्री से उन ताकतों पर विचार करने की अपील की जो उस समय कश्मीर में काम कर रही थीं और जिसका खुलासा अब्दुल्ला की इस घोषणा से हुआ था कि भारतीय संसद का कश्मीर मुद्दे पर कोई अधिकार क्षेत्र नहीं है। मुकर्जी को टोकते हुए पण्डित नेहरू ने कहा, "मैं कश्मीर के बारे में डॉ. मुकर्जी से ज़्यादा जानता हूँ।" डॉ. मुकर्जी ने इसका जवाब देते हुए कहा कि समस्या का जड़ यह है कि

प्रधानमन्त्री दुनिया भर में किसी भी चीज़ के बारे में किसी भी अन्य व्यक्ति से अधिक जानते हैं औरइसलिए वह किसी की कोई सलाह स्वीकार नहीं करेंगे। मुकर्जी ने आगे कहा "अगर यही रवैया है तो कोई भी संसदीय कार्य कैसे चल सकता है। अगर मैं सुझाव देता हूँ तो वह कहते हैं कि वह मुझसे ज़्यादा जानते हैं। निःसन्देह वह मुझ से ज़्यादा जानते हैं, लेकिन मैं उनके सामने कुछ सुझाव दूँगा, कुछ दृष्टिकोण रखूँगा जिन पर उन्हें अवश्य विचार करना चाहिए।" डॉ. श्यामा प्रसाद कश्मीर की समस्या पर अपना विचार रखते हुए पूछा, "मैं जानना चाहता हूँ कि क्या कश्मीरी पहले भारतीय हैं और कश्मीरी बाद में या वे पहले कश्मीरी हैं और बाद में भारतीय हैं या वे कश्मीरी पहले दूसरे, और तीसरे हैं और बिल्कुल भी भारतीय नहीं हैं। यह बहुत महत्त्वपूर्ण बिन्दु है जिसे हमें सुलझाना है।"

16 मार्च 1953 को भारत की विदेश नीति पर श्यामा प्रसाद ने अपना दृष्टिकोण रखा। उन्होंने कहा–

"मैं हमारी विदेश नीति को न केवल बाहर क्या हो रहा है, इस दृष्टि से, बल्कि एक अन्य कसौटी से भी आंकना चाहता हूँ। निस्सन्देह, आज कोई भी देश यह नहीं कहता कि वह युद्ध के लिए काम कर रहा है। हमने आज स्टालिन के उत्तराधिकारी द्वारा जारी एक बयान पढ़ा और उन्होंने इस बात पर ज़ोर दिया कि आज दुनिया की सबसे बड़ी ज़रूरत शान्ति है और ऐसी कोई समस्या नहीं है जिसे शान्तिपूर्ण तरीक़ों से हल नहीं किया जा सकता है। जब भी सभी देशों की ओर से बयान जारी किये जाते हैं तो वे कमोबेश एक जैसी प्रकृति के होते हैं। इन सबके बावजूद दुनिया में अब जो हालात बन रहे हैं, वे हमें चिन्ता में डाल रहे हैं। इन परिस्थितियों में हम क्या कर सकते हैं? यदि हम घर की छतों से अपनी आवाज ऊँची करके चिल्लाते हैं कि हम शान्ति चाहते हैं तो ज़रूरी नहीं कि शान्ति आ ही जाये। हम अपना योगदान दे सकते हैं, जैसा कि मुझे लगता है कि हम कुछ हद तक ऐसा कर रहे हैं, हम युद्ध नहीं चाहते हैं, क्योंकि युद्ध, यदि आता है, तो विश्व के किसी एक विशेष क्षेत्र तक ही सीमित नहीं रहेगा, बल्कि सभी हिस्सों में फैल जायेगा। उस दृष्टिकोण से, हमारी विदेश नीति की सराहना की गयी है और प्रधान मन्त्री ने श्रेय लिया है कि वह शान्ति की नीति का पालन करने का प्रयास कर रहे हैं। मैं उस पहलू पर विस्तार से बात नहीं करूँगा। जो आशंकाएँ व्यक्त की गयी हैं कि यदि आर्थिक मामलों में बड़ी विदेशी शक्तियों पर बहुत अधिक निर्भरता होगी, तो इसके गम्भीर परिणाम हो सकते हैं, पूरी तरह से निराधार नहीं हैं। ...लेकिन यह एक ऐसा मामला है जिसे स्वाभाविक रूप से हर सम्भव स्तर पर ध्यान में रखा जाना चाहिए। लेकिन, मैं अपनी विदेश नीति का आकलन अन्तरराष्ट्रीय सम्बन्धों में भारत से सम्बन्धित मामलों में आई सफलता

या विफलता के आधार पर करना चाहूँगा। और, यदि हम उन पाँच या छह गम्भीर मामलों की जाँच करें जो पिछले पाँच वर्षों के दौरान भारत के सामने लटक रहे हैं, तो निस्सन्देह हमारा इतिहास निराशाजनक और विफलता का है। क्या हैं ये मामले? हमारे सामने दक्षिण अफ्रीका में भारतीयों का मामला है। क्या हम उन लोगों के हितों की रक्षा के लिए कुछ योगदान दे पाये हैं जिन पर अत्याचार हो रहा है? सीलोन में भारतीयों के मामलों के बारे में क्या? क्या हम उस क्षेत्र में कुछ करने में सफल हुए हैं।...? फिर, भारत-पाकिस्तान रिश्ते का सवाल है। दूसरे दिन–मैं यहाँ नहीं था; प्रधानमन्त्री ने हमें देश के दुश्मन की मदद करने वाला बताया। पता नहीं वह किस दुश्मन के बारे में सोच रहा था। यदि वह पाकिस्तान था, तो मुझे यह जानकर ख़ुशी हुई कि कम से कम हम पर हमला करते समय भी उन्होंने पाकिस्तान को भारत का दुश्मन माना। वास्तव में हमारे रिश्ते का आधार क्या है? ऐसे बहुत से मामले हैं जिनका समाधान लम्बित है। पूर्वी बंगाल के अल्पसंख्यकों का सवाल है, जिसके बारे में मैं जानता हूँ कि प्रधानमन्त्री ने स्वयं इसे उन अतिमहत्त्वपूर्ण समस्याओं में से एक बताया है, जिनका समाधान पाकिस्तान के साथ होना चाहिए। पासपोर्ट समस्या के सामाधान का प्रश्न है और इसके परिणामस्वरूप जो भारी कठिनाई उत्पन्न हुई है, वह है। कैनाल के पानी का सवाल है और इस मामले को लेकर भारत को बदनाम करने का जो अभियान चल रहा है, वह है। विस्थापितों की संपत्ति का सवाल है और कश्मीर का सवाल है। अब, इन सभी मामलों के सम्बन्ध में, हम पाते हैं कि व्यावहारिक रूप से हमारी नीति विफल रही है। मैं इस बात की वकालत नहीं करता कि आपको उन सभी देशों के साथ युद्ध की घोषणा करनी चाहिए जो भारत के साथ अन्याय कर रहे हैं, लेकिन कूटनीति के क्षेत्र में तो थोड़ी और कल्पना की गयी होती, थोड़ी और ताकत दिखाई गयी होती ताकि भारत जिसका हकदार वह इसको मिल सकता था। इसलिए, यदि आप हमारी विदेश नीति को उन महत्त्वपूर्ण मामलों के सम्बन्ध में आंकते हैं जो भारत के स्वाभिमान, भारत के सम्मान और भारत की गरिमा, वहाँ भारत के हित से सम्बन्धित हैं, तो दुर्भाग्य से, आप पायेंगे कि हमारी सफलता शून्य है। सवाल यह नहीं है कि मैं सिर्फ़ यह कह रहा हूँ कि भारत की विदेश नीति खराब है। विदेश नीति, निश्चित रूप से, पूरी दुनिया में बदल रही घटनाओं के सम्बन्ध में बदलती है। इस कश्मीर मुद्दे का आख़िरी समाधान क्या होगा? मैंने यह विचार बार-बार व्यक्त किया कि हम सुरक्षा परिषद से कोई उम्मीद नहीं कर सकते। हम आक्रमण के सवाल पर सुरक्षा परिषद में गये थे, विलय के सवाल पर नहीं। जहाँ तक आक्रामकता का प्रश्न है, यह साबित हो चुका हैकि वह भारत पर आक्रामण था, फिर भी सुरक्षा परिषद हमारे साथ खड़े होने के लिए तैयार

नहीं है। जहाँ तक विलय का सवाल है, जैसा कि हमने शुरू से ही बार-बार स्पष्ट किया है कि यह कश्मीर और भारत के बीच का मामला है। निस्संदेह, प्रधानमन्त्री ने जनमत संग्रह की पेशकश की, लेकिन अब जनमत संग्रह का कोई सवाल ही नहीं है। यदि आप जम्मू-कश्मीर के लोगों की इच्छा का पता लगाना चाहते हैं तो आप ऐसा केवल उस राज्य में काम कर रही संविधान सभा के माध्यम से कर सकते हैं। ...जनमत संग्रह लोगों की इच्छा का पता लगाने का एक तरीक़ा है। जब भारत का विभाजन हुआ तो भारत के लोगों की इच्छा का पता किसने लगाया? कोई जनमत संग्रह नहीं लिया गया। बंगाल, पंजाब, सिंध और अन्य स्थानों में सीमित मताधिकार पर निर्वाचित विधानमण्डल सदस्यों के विचारों के माध्यम से लोगों की इच्छा का पता लगाया गया। यदि सीमित मताधिकार पर विधानमण्डलों के लिए चुने गये लोगों के निर्णय पर भारत का विभाजन हो सकता है, जम्मू-कश्मीर के विलय की अन्तिम निर्णय वयस्क मताधिकार के आधार पर बनी संविधान सभा के निर्णय पर क्यों नहीं तय की जा सकती?...इस मामले का एक पहलू जिस पर मैं ज़ोर देना चाहूँगा वह यह है कि देश का विभाजन इसलिए हुआ क्योंकि कुछ लोग यहाँ रहना नहीं चाहते थे। लेकिन अब समय आ गया है कि यह घोषित किया जाना चाहिए, खासकर जब ब्रिटिश सत्ता भारत से हटा दी गयी है, कि यदि इस देश के लोगों का कोई भी वर्ग यहाँ नहीं रहना चाहता है, तो वे दुनिया के जिस हिस्से में जाना चाहें, जा सकते हैं। लेकिन वे देश के किसी भी हिस्से को अपने साथ नहीं ले जा सकते और न ही ले जायेंगे। यह ज़मीन किसी राज्य विशेष की नहीं है। यह दिल्ली, यूपी, बंगाल या जम्मू-कश्मीर का नहीं है। मेरा दावा है कि यह ज़मीन भारत के लोगों की है और भारत की ज़मीन का कोई भी हिस्सा भारत के हाथ से जाने का कोई सवाल ही नहीं है केवल इसलिए की इस देश के कुछ हिस्सों में कुछ लोग अखण्ड भारत में रहना नहीं चाहते हैं।"

8 अप्रैल 1953 को लोक सभा में चुनाव सुधार पर बोलते श्यामा प्रसाद मुकर्जी ने अपने विचार रखा। उन्होंने ब्रिटेन का उदहारण देते हुए कहा कि वहाँ किस तरह सरकारी अधिकारी चुनाव के समय तटसूथ रहने की परम्परा का पालन करते है।

"...सरकार की ओर से कुछ उत्तर दिए गये थे, और मुझे उन सुविधाओं के सम्बन्ध में ब्रिटेन में प्रचलित प्रथा का उल्लेख करने का अवसर मिलाहै ,जो मन्त्रियों और अन्य लोगों जो आम चुनावों में उम्मीदवार होते हैं,को उपलब्ध कराई जाती हैं। मैं उन विवरणों में नहीं जाना चाहता, लेकिन वे बहुत ही लाभकारी प्रावधान हैं, और ऐसा कोई कारण नहीं है कि उन नियमों की समान परम्पराएँ हमारे देश में लागू न की जायें। दरअसल, ब्रिटेन में पिछले आम चुनाव के दौरान जैसा कि अख़बारों में खबर

आई थी। मिस्टर क्लिमेण्ट रिचर्ड एट्ली, जो उस समय इंग्लैंड के प्रधान मन्त्री थे, ने अपनी मोटरकार में पूरे ब्रिटेन का दौरा किया और वह एक ड्राइवर रखने का खर्च भी नहीं उठा सकते थे; अधिकांश अवसरों पर उनकी पत्नी कार चलाती थीं, और उन्होंने कभी भी सरकार की ओर से किसी कार या किसी अन्य वाहन का उपयोग नहीं किया। इसके अलावा, कुछ निश्चित नियम थे जिनका पालन तब किया जाना था जब मन्त्री और अन्य लोग चुनाव प्रचार के लिए विशेष केन्द्रों का दौरा करते थे। स्थानीय अधिकारियों को भी निश्चित निर्देश थे कि उन अवसरों पर उन्हें कैसा व्यवहार करना चाहिए। ये ऐसे परम्परा हैं जिन्हें हम अपने देश में भी स्थापित होते देखना चाहते हैं। पिछली बार जब हमने इस बिंदु पर चर्चा की थी, तो माननीय प्रधान मन्त्री ने बहुत दयालुता से इस बात पर सहमति व्यक्त की कि किसी भी व्यक्तित्व से अलग, इन मामलों पर निष्पक्षता से चर्चा की जानी चाहिए और अगले आम चुनाव कराने के लिए नियमों को संशोधित करना होगा। लेकिन मुझे यह जानकर दुख हुआ कि इनमें से किसी भी मामले को उस संशोधन विधेयक में जगह नहीं मिली जो अब सदन के सामने है। एक अन्य मुद्दा ऑल इंडिया रेडियो और प्रसारण मशीनरी आदि के उपयोग के बारे में उठाया गया था। जैसा कि ज्ञात है, ये सुविधाएँ विपक्षी दलों के उम्मीदवारों के लिए उपलब्ध नहीं हैं। यूनाइटेड किंगडम में, एक समय सारिणी के अनुसार, प्रत्येक पार्टी को मतदाताओं से अपील करने के लिए रेडियो और प्रसारण मशीनरी का उपयोग करने की अनुमति है। ऐसा कोई कारण नहीं है कि हमारे देश में भी ऐसा प्रावधान लागू न किया जाये। इससे जुड़ा दूसरा सवाल पाकिस्तान से आये लोगों को मताधिकार का अधिकार देने के सम्बन्ध में है।"

पाकिस्तान से आये लोगों के लिए नागरिकता के प्रश्न पर

चुनाव सुधार पर ही चर्चा के द्वारान पाकिस्तान से आये लोगों के नागरिकता के अधिकार देने में की जा रही देरी पर प्रश्न उठाया और जल्द से जल्द यह न्यूनतम सुविधा उनलोगों को देने का सरकार से अनुरोध किया। उन्होंने कहा "जैसा कि आप जानते हैं, हमारे संविधान के तहत, मेरा मानना है कि 24 जुलाई 1949 के बाद जो लोग भारत आये, वे भारतीय नागरिक बनने के हकदार नहीं हैं, जब तक कि संसद एक कानून पारित नहीं करती जो उन्हें नागरिकता का अधिकार देता है। दुर्भाग्य से, पिछले चुनाव होने से पहले यह मामला हल नहीं हुआ था। सदन को याद होगा कि पिछली संसद में सभी समूहों के लगभग एक सौ सदस्यों ने प्रधानमन्त्री को सम्बोधित एक ज्ञापन पर हस्ताक्षर किये थे, जिसमें उनसे विशेष कानून लाने और लाखों लोगों को मताधिकार का अधिकार देने के लिए कदम उठाने का अनुरोध किया गया था।

24 जुलाई 1949 के बाद पाकिस्तान से भारत आये, और जिनका निश्चित रूप से पाकिस्तान वापस जाने का कोई इरादा नहीं है। दुर्भाग्य से, जैसा कि प्रधान मन्त्री ने कहा, समय की कमी के कारण ऐसा नहीं किया जा सका।"

उद्योग और आपूर्ति मन्त्री के पद से अपने इस्तीफे पर डॉ. एस. पी. मुकर्जी का संसद में वक़्तव्य

डॉ. श्यामा प्रसाद मुकर्जी 19 अप्रैल,1950 लोक सभा में सरकार से त्याग-पत्र देने के सम्बन्ध अपना वक़्तब्य दिया। उन्होंने कहा–"ढाई साल से अधिक समय तक स्वतन्त्र भारत के पहले राष्ट्रीय मन्त्रिमण्डल के मन्त्री के रूप में काम करना मेरे लिए ग़ौरवपूर्ण रहा और मैंने अपने ऊपर आये कर्तव्यों के निर्वहन में ख़ुद को पीछे नहीं छोड़ा। मेरे लिए यह अनुभव बहुत मूल्यवान रहा और हमारे देश के इतिहास में सबसे महत्त्वपूर्ण अवधियों में से एक के दौरान मित्रता और सहयोग के माहौल में काम करना मेरे लिए सौभाग्य की बात रहा है। मैं सदन के सभी वर्गों को मुझ पर जताए गये विश्वास के लिए आभार व्यक्त करता हूँ और पण्डित जवाहरलाल नेहरू और सरदार वल्लभ भाई पटेल को विशेष रूप से धन्यवाद देता हूँ उन्होंने मुझे अपने नेतृत्व में देश की सेवा करने का अवसर दिया। इसमें कोई व्यक्तिगत कारण नहीं है जिसने मुझे इस्तीफ़ा देने के लिए प्रेरित किया है और मुझे उम्मीद है कि जिन लोगों से मैं असहमत हूँ, वे मेरे दृढ़ विश्वास की गहराई की सराहना करेंगे, जैसे मैंने नि:संकोच उनके विश्वास की सराहना की है। मेरे मतभेद बुनियादी हैं, और जिस सरकार की नीति को मैं स्वीकार नहीं कर सकता, उसका सदस्य बने रहना मेरे लिए उचित या सम्मानजनक नहीं है। प्रधान मन्त्री के प्रति पूरी निष्पक्षता से मुझे कहना चाहिए कि जब मैंने 1 अप्रैल को, पाकिस्तान के प्रधान मन्त्री के भारत आने से पहले ही, उन्हें अपने निर्णय के बारे में बताया, तो उन्होंने तुरन्त मेरे दृष्टिकोण की सराहना की, हमारे मतभेदों को स्वीकार किया और मुझे बोझ से मुक्त करने पर सहमति व्यक्त की। बाद में मेरा स्थिपा देना ना 'उनके लिए ना ही मेरे लिए उचित' होगी। पाकिस्तान के प्रति हमारे नीति से मुझे कभी ख़ुशी नहीं हुई। यह कमज़ोर, रुका हुआ और असंगतनीति रही है। हमारी अच्छाई या निष्क्रियता को पाकिस्तान ने कमज़ोरी समझा है। इसने पाकिस्तान को और अधिक अड़ियल बना दिया है और हमें और भी अधिक कष्ट सहने को मजबूर कर दिया है और यहाँ तक कि हमें अपने ही लोगों की नज़रों में नीचे गिरा दिया है। हर महत्त्वपूर्ण अवसर पर, हम बचाव की मुद्रा में रहे हैं और हमारे ख़िलाफ़ पाकिस्तान की साजिशों का पर्दाफाश करने या उनका प्रतिकार करने में विफल रहे हैं। हालाँकि, मैं आज सामान्य भारत-

पाकिस्तान सम्बन्धों पर चर्चा नहीं कर रहा हूँ, क्योंकि जिन परिस्थितियों के कारण मुझे इस्तीफ़ा देना पड़ा, वे मुख्य रूप से पाकिस्तान में, विशेषकर पूर्वी बंगाल में अल्पसंख्यकों के साथ व्यवहार से सम्बन्धित हैं। मैं त कहना चाहूँगा कि बंगाल की समस्या कोई प्रान्तीय समस्या नहीं है। यह मुद्दों अखिल भारतीय चरित्र का है, और इसका उचित समाधान पूरे देश के आर्थिक और राजनीतिक रूप से समृद्धि शान्ति और पर निर्भर करेगा। भारत और पाकिस्तान में अल्पसंख्यकों की समस्या के प्रति दृष्टिकोण में एक महत्त्वपूर्ण अन्तर है। भारत में मुसलमानों का विशाल बहुमत साम्प्रदायिक आधार पर देश का विभाजन चाहता था। हालाँकि, मुझे ख़ुशी है कि देशभक्त मुसलमानों का एक छोटा सा वर्ग ऐसा रहा है जिसने लगातार ख़ुद को राष्ट्रीय हितों के साथ जोड़ा है और इसके लिए कष्ट सहे हैं। दूसरी ओर, हिन्दू निश्चित तौर पर विभाजन के विरोधी थे। जब भारत का विभाजन अपरिहार्य हो गया, तो मैंने बंगाल विभाजन के पक्ष में जनमत तैयार करने में बहुत बड़ी भूमिका निभाई, क्योंकि मुझे लगा कि यदि ऐसा नहीं किया गया, तो पूरा बंगाल और शायद असम भी पाकिस्तान में चला जायेगा। उस समय मुझे इस बात की जरा भी जानकारी नहीं थी कि मैं अन्य लोगों के साथ पहले केन्द्रीय मन्त्रिमण्डल में शामिल होऊंगा, पूर्वी बंगाल के हिन्दुओं को आश्वासन दिया कि यदि उन्हें नागरिकता के प्राथमिक अधिकारों से वंचित किया गया तो उन्हें भावी पाकिस्तान सरकार के हाथों कष्ट सहना पड़ेगा। यदि उनके जीवन और सम्मान को ख़तरे में डाला गया या उन पर हमला किया गया, तो आज़ाद भारत मूकदर्शक नहीं बना रहेगा और उनके उचित मुद्दे को भारत की सरकार और लोगों द्वारा साहसपूर्वक उठाया जायेगा। पिछले ढाई वर्षों के दौरान उनके कष्ट काफ़ी दुखद रहे हैं। आज मुझे यह स्वीकार करने में कोई झिझक नहीं है कि अपनी ओर से सभी प्रयासों के बावजूद, मैं अपनी प्रतिज्ञा को पूरा नहीं कर पाया हूँ और अकेले इस आधार पर–किसी अन्य आधार पर नहीं–तो मुझे अब सरकार के साथ जुड़े रहने का कोई नैतिक अधिकार नहीं है। ...हमें यह नहीं भूलना चाहिए कि पूर्वी बंगाल के हिन्दू भारत की सुरक्षा के हकदार हैं, केवल मानवीय आधार पर नहीं, अपने स्वयं के संकीर्ण हितों को आगे बढ़ाने के लिए नहीं, बल्कि भारत की नींव रखने के लिए पीढ़ियों से सहर्ष किये गये अपने कष्टों और बलिदानों से भारत की राजनीतिक स्वतन्त्रता और बौद्धिक प्रगति में योगदान देने के लिए। ...मेरी राय में, हालिया समझौता (नेहरू-लियाकत समझौता) मूल समस्या का कोई समाधान नहीं देता है, बुराई कहीं अधिक गहरी है और कोई भी पैचवर्क शान्ति की ओर नहीं ले जा सकता है। एक सजातीय इस्लामी राज्य की स्थापना पाकिस्तान का सिद्धान्त है और हिन्दुओं और सिखों का योजनाबद्ध विनाश और उनकी सम्पत्तियों का ज़ब्त करना

इसकी स्थापित नीति है। इस नीति के परिणामस्वरूप, पाकिस्तान में अल्पसंख्यकों का जीवन "घृणित, क्रूर और छोटा" हो गया है, हमें इतिहास के सबक को नहीं भूलना चाहिए। हम ऐसा अपने जोखिम पर करेंगे। मैं बीते समय की बात नहीं कर रहा; लेकिन यदि कोई पाकिस्तान के निर्माण के बाद से वहाँ की घटनाओं का विश्लेषण करे, तो यह स्पष्ट हो जायेगा कि उस राज्य में हिन्दुओं के लिए कोई सम्मानजनक स्थान नहीं है। समस्या साम्प्रदायिक नहीं है। यह मूलतः राजनीतिक है। दुर्भाग्यवश, यह समझौता इस्लामिक राज्य के निहितार्थों को नज़रअन्दाज करने का प्रयास करता है। लेकिन जो कोई भी पाकिस्तान की संविधान सभा द्वारा पारित उद्‌देश्य प्रस्ताव और उसके प्रधान मन्त्री के भाषण को ध्यान से देखता है, वह पायेगा कि एक जगह अल्पसंख्यक अधिकारों की सुरक्षा की बात करते हुए, दूसरी जगह यह प्रस्ताव ज़ोरदार ढंग से घोषणा करता है कि इस्लाम द्वारा प्रतिपादित लोकतन्त्र, स्वतन्त्रता, समानता, सहिष्णुता और विशेष न्याय का पूरी तरह से पालन किया जायेगा।"

श्यामा प्रसाद जब लोक सभा पहुचे तो एक संगठित विपक्ष का आभाव था। जनसंघ की शुरुवात ही हुई थी। और छोटी-छोटी राजनितिक पार्टीयाँ थी लेकिन एक सशक्त और संरचनात्मक विपक्ष देने की स्थिति में नहीं थी। एक सशक्त और संरचनात्मक विपक्ष एक सशक्त और स्वस्थ लोकतन्त्र का आवश्यक अवयव है। श्यामा प्रसाद ने अपने प्रयासों से ओडिशा की गणतन्त्र परिषद, पंजाब का अकाली दल जैसी छोटी-छोटी राजनितिक पार्टियों और स्वतन्त्र रूप से जीत कर आये सदस्यों को इकठ्ठा करके राष्ट्रीय लोकतान्त्रिक पार्टी के नाम से संसद के अन्दर एक संगठित विपक्ष की रूप-रेखा रखा और इसका उन्हें निर्वाचित नेता घोषित किया गया। इन सभी दलों के तरफ से अहम् मुद्‌दों पर श्यामा प्रसाद मुकर्जी मुख्य प्रवक़्ता हुआ करते थे। संसद में इनकी विपक्ष की भूमिका, वाह्य तथा आन्तरिक मुद्‌दों तथा स्वतन्त्रता के बाद देश के सामने उभरी चुनौतियों के मुद्‌दों पर इनकी गहरी समझ और दूरदर्शिता को देखते हुए इनको 'लायन ऑफ़ पार्लियामेंट' (संसद का शेर) जैसी उपाधि से नवाजा गया।

सन्दर्भ-सूची

1. लीव्स फ्रॉम डायरी (1993), ऑक्सफ़ोर्ड यूनिवर्सिटी प्रेस
2. सेलेक्टेड स्पीचेस ऑफ़ डॉ. श्यामा प्रसाद मुकर्जी इन बंगाल लेजिस्लेटिव असेंबली 1937-1947, आशुतोष मुकर्जी मेमोरियल इंस्टिट्यूट.
3. जन संघ (1969), क्रैग बैक्सटर, यूनिवर्सिटी ऑफ़ पेंसिल्वेनिया प्रेस.
4. द लाइफ एंड टाइम ऑफ़ श्यामा प्रसाद मुकर्जी (2012), तथागत रॉय, पेंगुइन रैंडम हाउस इंडिया प्राइवेट लिमिटेड.
5. डॉ. श्यामा प्रसाद मुकर्जी ए कंटेम्परारी स्टडी (2000), हरीश चंदर पद्मिनी, नोएडा न्यूज़ प्राइवेट लिमिटेड.
6. डॉ. श्यामा प्रसाद मुकर्जी, लोक सभा सेक्रेटेरिएट, 2019.